Carlos Alves Soares

Plantas Medicinais

do plantio à colheita

**Coleção
Brasil Agrícola**

**1ª edição
Brasil – 2010**

**Ícone
editora**

© Copyright 2010
Ícone Editora Ltda.

Coleção Brasil Agrícola

Design gráfico, capa e diagramação
Richard Veiga

Fotos
Carlos Alves Soares

Revisão
Juliana Biggi
Marsely De Marco Dantas

Todos os direitos reservados à:
ÍCONE EDITORA LTDA.
Rua Anhanguera, 56 – Barra Funda
CEP: 01135-000 – São Paulo/SP
Fone/Fax.: (11) 3392-7771
www.iconeeditora.com.br
iconevendas@iconeeditora.com.br

Plantas Medicinais

do plantio à colheita

Dados Internacionais de Catalogação na Publicação (CIP)
(Câmara Brasileira do Livro, SP, Brasil)

Soares, Carlos Alves
    Plantas medicinais : do plantio à colheita /
Carlos Alves Soares. -- 1. ed. -- São Paulo :
Ícone, 2010.

    ISBN 978-85-274-1126-4

    1. Botânica - Morfologia 2. Plantas medicinais
3. Plantas medicinais - Cultivo I. Título.

10-06692   CDD-581.634

Índices para catálogo sistemático:

1. Plantas medicinais : Cultivo : Botânica
       581.634

Agradecimento especial

A Deus que me deu força e determinação na realização deste trabalho.

Aqui faço um agradecimento também especial, como forma de justiça, ao Prof. José de Abreu Matos, *in memoriam*, e Harri Lorenzi, autores do livro *Plantas Medicinais do Brasil: nativas e exóticas*. Mesmo com uma ampla bibliografia, sem a existência deste livro este trabalho não teria sido realizado. Ele foi fundamental nos aspectos botânicos, pois segui suas orientações.

Agradecimento

A todos que colaboraram direta e indiretamente com a elaboração deste livro.

Dedicatória

Ao meu ex-professor, Chico Holanda, *in memoriam*.

Ao Professor-Emérito da Universidade Federal do Ceará, José Júlio da Ponte.

Ao Engenheiro Agrônomo, Waldir Leite, proprietário da Exotic Paisagismo.

Ao agrônomo José Celismar Almeida Cabral, especialista em cultivo de plantas medicinais.

A todos os que lutam contra os três vilões da natureza: desmatamento, queimadas e uso de agrotóxicos.

A todos os agrônomos da Secretaria do Desenvolvimento Agrário do Estado do Ceará.

O lançamento deste livro teve por objetivo comemorar os trinta anos de agrônomo do autor. Ele representa o resultado de muitos anos de convívio e estudo das plantas medicinais.

Sumário

Prefácio

No momento que surge um grande interesse pelo cultivo das plantas medicinais, elaboro este livro que servirá de fonte de consulta para os interessados no assunto. Sei que deixei de fora outras plantas medicinais famosas. Quero ressaltar que meu trabalho não foi só de pesquisa na literatura. Passei para o livro as informações de conversas informais com outros agrônomos, que cultivam plantas medicinais em minha região, e principalmente a minha experiência no cultivo das plantas medicinais, daí a não inclusão de plantas medicinais que não cultivo. A coerência sempre foi uma das minhas características de vida, portanto, passei-a para meus trabalhos. Desculpe-me se alguma planta medicinal que você gostaria de ter conhecimento não está incluída neste livro, mas aqui estão muitas outras plantas medicinais, e acredito que muitas destas serão do seu interesse.

Escolhi o nome popular adotado em minha região para as plantas medicinais do livro, mas o nome científico servirá para uma identificação precisa de qualquer uma delas, pois é universal.

Este livro representa a materialização do sonho de repassar estas informações para todas as pessoas dedicadas ao cultivo das plantas medicinais.

O autor

Introdução

A elaboração deste livro teve como objetivo orientar um bom cultivo das plantas medicinais a todas as pessoas interessadas em cultivá-las, especialmente em pequenas e grandes hortas medicinais, farmácias vivas e até mesmo nos quintais e sítios, pois as informações sobre algumas técnicas agronômicas nele contidas poderão ser de grande ajuda.

As plantas medicinais estão dispostas no livro em ordem alfabética. Para facilitar a compreensão, cada planta medicinal explora os seguintes temas: aspectos botânicos; aspectos agronômicos; exigências de cultivos e métodos de produção de muda. Nos aspectos botânicos são vistos: nome científico; família; sinonímias; origem e descrição da planta medicinal. Nos aspectos agronômicos são abordados: ciclo da planta; época de plantio; forma de plantio; adubação da planta; escolha da muda; espaçamento; tratos culturais; pragas e doenças e informações sobre a colheita. As exigências de cultivo abordam: clima; solo; luz e irrigação. No método de produção de mudas é explicado detalhadamente como produzir as mudas. O livro encerra-se com um anexo rico de informações e a bibliografia consultada.

Como há carência de informações agronômicas sobre plantas medicinais, este livro poderá ser uma referência de orientação, pois nele está um pouco da experiência do autor no cultivo das plantas medicinais.

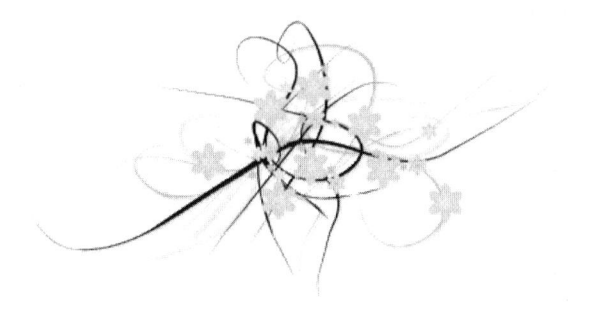

AÇAFROA

1. ASPECTOS BOTÂNICOS DA AÇAFROA

1.1. Nome científico:
Curcuma longa L.

1.2. Família:
Zingiberaceae

1.3. Sinonímias científicas:
Amomum curcuma Jacq.
Curcuma domestica Valeton
Curcuma sichuanensis X.X. Chen
Stissera curcuma Raeusch

1.4. Sinonímias populares:
Cúrcuma, açafrão, açafrão-da-índia, gengibre-amarelo, açafrão-da--terra, açafrão-cúrcuma, açafroeira, batata-amarela, gengibre--dourado, mangarataia, cúrcuma, açafroeira-da-índia, falso-açafrão.

1.5. Origem:
Planta originária da Ásia.

1.6. Descrição da planta:
A açafroa é uma planta herbácea e rizomatosa, e o rizoma principal é piriforme, arredondado ou ovoide e carnudo, com ramificações laterais compridas e mais finas e menos carnudas que o rizoma principal. Externamente, os rizomas frescos apresentam uma coloração acinzentada e, quando cortados, mostram uma superfície de cor alaranjada. O rizoma da açafroa possui cheiro forte, aromático e sabor picante.
As folhas são invaginantes, oblongolanceoladas, longamente pecioladas e reunidas na base, e as folhas saem dos rizomas.
As flores são pequenas e de cor amarela, semelhantes a uma espiga, localizadas na ponta de uma haste longa.

2. ASPECTOS AGRONÔMICOS DA AÇAFROA

2.1. Ciclo da planta:
A açafroa é uma planta anual.

2.2. Época de plantio:
Em nossas condições, dispondo de água, pode ser plantada durante o ano inteiro.

2.3. Forma de plantio:
A açafroa é cultivada em canteiro previamente preparado.

2.4. Como construir os canteiros:
Veja estas informações no anexo.

2.5. Adubação dos canteiros:
Distribuir de maneira uniforme 10 litros de esterco de gado ou 15 litros de composto por metro quadrado. Fazer também uma adubação na cova no momento do plantio da muda, usando meio litro de húmus de minhoca ou um litro e meio de esterco de gado, ou ainda três litros de composto. Deve-se fazer adubação de cobertura mensalmente, utilizando a mesma quantidade do plantio.

2.6. Escolha das mudas para o plantio em canteiros:
As mudas devem ser vigorosas, bem formadas e sadias, devendo ter uma boa procedência para a implantação e para serem produzidas no próprio local posteriormente. Veja como produzir as mudas da açafroa no método de produção de mudas.

2.7. Espaçamento nos canteiros:
Recomenda-se adotar o espaçamento de 30cm entre plantas e 50cm entre fileiras.

2.8. Quantidade de mudas por metro quadrado em canteiros:
Haverá a necessidade de 6 mudas por metro quadrado, adotando o espaçamento indicado.

2.9. Como fazer o plantio das mudas em canteiros:
Realizar o plantio das mudas de acordo com as informações no anexo.

2.10. Principais tratos culturais:
Os tratos culturais são basicamente a irrigação nas primeiras horas da manhã, suspendendo-a em dias chuvosos; a retirada manual das ervas daninhas; a manutenção de um controle sistemático sobre a tiririca, caso ocorra; e uma leve cobertura morta e rotação de cultura.

2.11. Pragas e doenças que podem afetar a açafroa:
A açafroa é praticamente imune a pragas e doenças.

2.12. Colheita:

2.12.1. Parte colhida:
O que se colhe da açafroa para fins medicinais são os rizomas.

2.12.2. Época de colheita:
A colheita pode ser feita em qualquer época do ano.

2.12.3. Início da colheita:
Quando a parte aérea começar a amarelar e secar – isto acontece após a floração – neste momento os rizomas apresentam pigmentos amarelo intenso. Este período é de aproximadamente 200 dias após o plantio da muda.

2.12.4. Forma de colheita:
A colheita é feita com a retirada manual dos rizomas do canteiro com o auxílio de um instrumento apropriado. A retirada deve ser feita com muito cuidado para não danificar os rizomas. Após os rizomas serem desenterrados, são lavados em água corrente.

2.12.5. Horário da colheita:
Colher na parte da manhã, assim que o sol nascer.

2.12.6. Informações complementares sobre a colheita:
A açafroa é uma planta de colheita única.

3. EXIGÊNCIAS DE CULTIVO DA AÇAFROA

3.1. Clima:
A açafroa é uma planta de clima tropical.

3.2. Solo:
O solo deve ser leve, solto, rico em matéria orgânica e, consequente-mente, com boa atividade biológica para produzir açafroas sadias e com metabolismo equilibrado. O solo também deve ser bem drenado.

3.3. Luz:
A açafroa pode receber sol o dia todo, pois é uma planta de luz plena.

3.4. Irrigação:
Recomenda-se irrigar diariamente.

4. MÉTODO DE PRODUÇÃO DA MUDA DE AÇAFROA

4.1. Propagação:
A propagação da açafroa é feita por divisão de rizomas.

4.2. Como produzir as mudas da açafroa:
No preparo das mudas, devem ser utilizados sacos de polietileno com as dimensões aproximadas de 13cm x 21cm, preenchidos com mistura geralmente composta de 2 partes de barro, 2 partes de areia e 1 parte de esterco.

4.3. Procedimentos:
1. Escolher planta que tenha completado o seu ciclo;

2. Arrancar a planta-mãe, preservando ao máximo os rizomas, sem danificá-los;
3. Podar a parte aérea;
4. Lavar os rizomas agrupados abaixo do colo da açafroa;
5. Separar os rizomas agrupados para transformá-los em rizomas-sementes;
6. Plantar estes rizomas-sementes em um canteiro-sementeira para que estes brotem;
7. Replantar os rizomas-sementes brotados em saco plástico previamente preparado;
8. Manter a muda na sombra, regando-a frequentemente;
9. Quando a muda estiver bem desenvolvida, levá-la para o canteiro.

INFORMAÇÕES COMPLEMENTARES PARA O CULTIVO DA AÇAFROA EM ESCALA COMERCIAL

O plantio da açafroa em escala comercial é feito em sulcos de 10cm de profundidade e os rizomas precisam ser cobertos com 5cm de terra. Seu início deve ser na estação chuvosa. Recomenda-se adotar o espaçamento de 30cm entre plantas e 70cm entre fileiras e são necessários 1000 a 1500kg/ha de rizoma semente. Os tratos culturais são basicamente as capinas. A colheita é feita de oito a dez meses depois do plantio, quando a parte aérea começar a amarelar e secar. O solo é revolvido para expor os rizomas, que são colhidos manualmente. O material colhido deve ser lavado, e deixado para secar ao sol. Sua produtividade é em torno de 10 a 12t/ha.

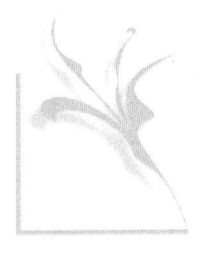

AGRIÃO-BRAVO

1. ASPECTOS BOTÂNICOS DO AGRIÃO-BRAVO

1.1. Nome científico:
Acmella uliginosa (Sw.) Cass.

1.2. Família:
Compositae (Asteraceae)

1.3. Sinonímias científicas:
Spilanthes acmella var. *uliginosa* (Sw.) Baker
Spilanthes uliginosa Sw.
Spilanthes salzmanni DC.

1.4. Sinonímias populares:
Jambu-pequeno, agrião.
Saiba mais: Existe outra espécie de agrião que é o jambu-grande ou jambu do norte (*Acmella oleracea*), esta espécie é muito usada como tempero no tacacá, prato típico do Pará. Ela é uma planta herbácea da região amazônica, principalmente do Pará.

1.5. Origem:
Planta nativa da América tropical.

1.6. Descrição da planta:
O agrião-bravo é uma erva suberecta, rasteira, aromática, de até 30cm de altura.
As folhas são simples, cartáceas, opostas, de cor mais clara na face inferior, de 2,5 a 6cm de comprimento.
As flores são pequenas, amarelas, reunidas em capítulos cônicos, axilares e terminais. Estas flores, ou suas cabecinhas, quando mastigadas, provocam uma sensação de formigamento nos lábios e na língua.

2. ASPECTOS AGRONÔMICOS DO AGRIÃO-BRAVO

2.1. Ciclo da planta:
O agrião-bravo é uma planta anual.
Saiba mais: O agrião-bravo tem crescimento rápido.

2.2. Época de plantio:
Em nossas condições, dispondo de água, pode ser plantado durante o ano inteiro.

2.3. Forma de plantio:
O agrião-bravo é cultivado em canteiro previamente preparado.
Saiba mais: Para grande produção, o plantio deve ser feito de forma direta, com hastes enraizadas.

2.4. Como construir os canteiros:
Veja estas informações no anexo.

2.5. Adubação dos canteiros:
Distribuir de forma uniforme 15 litros de esterco de gado ou 30 litros de composto por metro quadrado.
Saiba mais: Para grande produção, usar 10 litros por metro quadrado.

2.6. Escolha das mudas:
As mudas devem ser vigorosas, bem formadas e sadias, devendo ter uma boa procedência para a implantação e para serem produzidas no próprio local posteriormente. Veja como produzir as mudas de agrião-bravo no método de produção de mudas.

2.7. Espaçamento:
Recomenda-se adotar o espaçamento de 30cm entre plantas e 30cm entre fileiras.
Saiba mais: No plantio direto, usar o espaçamento de 0,50m x 0,50m.

2.8. Quantidade de mudas por metro quadrado no canteiro:
Haverá a necessidade de 9 mudas por metro quadrado.

2.9. Como fazer o plantio das mudas:
Realizar o plantio das mudas de acordo com as informações no anexo.

2.10. Principais tratos culturais:
Os tratos culturais são basicamente irrigação, retirada manual das ervas daninhas, controle das pragas e rotação de cultura.

2.11. Pragas que podem atacar o agrião-bravo:
O agrião-bravo pode ser atacado por cochonilhas.

2.12. Controle:
Uso de alternativa para o controle de pragas. Veja nos anexos uma coletânea de receitas de uso alternativo para o controle de pragas e doenças de plantas cultivadas.

2.13. Colheita:

2.13.1. Parte colhida:
O que se colhe do agrião-bravo para fins medicinais são os capítulos florais.

2.13.2. Época de colheita:
A colheita pode ser feita em qualquer época do ano.

2.13.3. Início da colheita:
A colheita é feita três meses após o plantio da muda.

2.13.4. Forma de colheita:
A colheita é feita manualmente.

2.13.5. Horário da colheita:
Colher na parte da manhã, assim que o sol nascer.

2.13.6. Informações complementares:
São realizadas três colheitas sucessivas em intervalos semanais. Após estas colheitas, deve-se proceder a um novo plantio ou uma rotação de cultura.

3. EXIGÊNCIAS DE CULTIVO DO AGRIÃO-BRAVO

3.1. Clima:
O agrião-bravo é uma planta de clima tropical.

3.2. Solo:
O solo do canteiro deve ser leve, solto e rico em matéria orgânica.

3.3. Luz:
O agrião-bravo pode receber sol o dia todo, pois é uma planta de luz plena.

3.4. Irrigação:
Recomenda-se irrigar diariamente.

4. MÉTODO DE PRODUÇÃO DE MUDA DO AGRIÃO-BRAVO

4.1. Propagação:
A propagação do agrião-bravo é feita por sementes e hastes enraizadas.

4.2. Como produzir as mudas do agrião-bravo:
No preparo das mudas, devem ser utilizados sacos de polietileno com as dimensões aproximadas de 13cm x 21cm, preenchidos com mistura geralmente composta de 2 partes de barro, 2 partes de areia e 1 parte de esterco.

4.3. Procedimentos para produção de mudas por sementes:
1. Colher os capítulos florais de plantas adultas;
2. Esfarelar os capítulos florais secos;

3. Semear a lanço em uma sementeira. Este semeio deve ser superficial, pois a luz tem influência positiva na germinação;
4. Após a germinação e com um pouco de desenvolvimento da mudinha, transplantar as mudinhas mais vigorosas para um saco plástico previamente preparado;
5. Manter a muda na sombra, regando-a frequentemente;
6. Quando a muda estiver bem desenvolvida, levá-la para o local definitivo.

4.4. Procedimentos para produção de mudas por hastes enraizadas:
1. Retirar hastes enraizadas de um plantio de agrião-bravo;
2. Plantar estas hastes enraizadas em saco plástico previamente preparado;
3. Manter a muda na sombra, regando-a frequentemente;
4. Quando a muda estiver bem enraizada e bem desenvolvida, levá-la para o canteiro.

ALECRIM-PIMENTA

1. ASPECTOS BOTÂNICOS DO ALECRIM-PIMENTA

1.1. Nome científico:
Lippia sidoides Cham.
Saiba mais: O verdadeiro alecrim é o *Rosmarinus officinalis* L. Ele é de origem europeia, é uma planta subarbustiva lenhosa, com até um metro de altura, pouco ramificado, de folhas finas como palitos e muito aromático.

1.2. Família:
Verbenaceae

1.3. Sinonímias científicas:
Não constam na literatura consultada.

1.4. Sinonímias populares:
Alecrim-grande, estrepa-cavalo, alecrim-do-nordeste, alecrim-bravo.

1.5. Origem:
Planta originária do Nordeste brasileiro.
Saiba mais: Antes de ser conhecido e cultivado, já era abundante ao Norte da face oriental da Chapada do Apodi, fazendo parte da caatinga entre os municípios de Mossoró, no Rio Grande do Norte, e Tabuleiro do Norte, no Ceará. Esta planta foi descoberta pelo Professor Matos em suas viagens pelo Nordeste.

1.6. Descrição da planta:
O alecrim-pimenta é um arbusto silvestre e aromático. É muito esgalhado, com caule grosso, quebradiço, com até três metros de altura e próprio da vegetação nordestina.
As folhas são simples, opostas, com margens crenadas e pelos esbranquiçados na face inferior. Possuem odor forte e sensação de ardor quando mastigadas.

As flores são pequenas, de cor branca, disposta em racemos, cálice curto e membranáceo, possuindo uma floração demorada e intensificada no verão.

As sementes são muito pequenas e não germinam.

Saiba mais: O cultivo no Sul e Sudeste, em solos de alta fertilidade, produz plantas com folhas muito maiores, mas de um teor de Princípio Ativo menor.

2. ASPECTOS AGRONÔMICOS DO ALECRIM-PIMENTA

2.1. Ciclo da planta:
O alecrim-pimenta é uma planta perene.

2.2. Época de plantio:
Em nossas condições, dispondo de água, pode ser plantado o ano inteiro.

2.3. Forma de plantio:
O alecrim-pimenta é plantado em cova previamente preparada, ou em canteiro também previamente preparado. O plantio em canteiro deve ser realizado para uma programação de sucessivas colheitas, caso contrário haverá um grande adensamento, podendo favorecer o aparecimento de pragas e doenças.

2.4. Escolha das mudas:
As mudas devem ser vigorosas, bem formadas e sadias, devendo ter uma boa procedência para a implantação e para serem produzidas no próprio local posteriormente. Veja como produzir as mudas do alecrim-pimenta no método de produção de mudas.

2.5. Espaçamento na cova:
Recomenda-se adotar o espaçamento de 1,50m entre plantas e 2,00m entre fileiras.

2.6. Espaçamento em canteiro:
Recomenda-se adotar o espaçamento de 1,00m entre plantas e 0,50m entre fileiras.

2.7. Marcação das covas:
Realizar a marcação das covas de acordo com as informações no anexo.

2.8. Tamanho da cova:
Recomenda-se adotar 40cm x 40cm de boca e 40cm de profundidade.

2.9. Preparação das covas:
Preparar as covas de acordo com as informações no anexo.

2.10. Como construir os canteiros:
Veja estas informações no anexo.

2.11. Quantidade de mudas por metro quadrado quando cultivado em canteiro:
Haverá a necessidade de 2 mudas por metro quadrado.

2.12. Adubação da cova:
Usar 10 litros de esterco de gado curtido, ou 15 litros de composto.

2.13. Adubação do canteiro:
Distribuir, de maneira uniforme, 15 litros de esterco de gado curtido ou 20 litros de composto por metro quadrado.

2.14. Como fazer o plantio das mudas em cova ou em canteiro:
Realizar o plantio das mudas de acordo com as informações no anexo.

2.15. Principais tratos culturais do alecrim-pimenta em cova:
Resumem-se na substituição das mudas plantadas que se apresentaram fracas ou morreram, capinas manuais periódicas sem revolver o solo ou danificar o tronco ou raízes, cobertura morta, adubação

de manutenção, poda de ramos secos e quebrados e replantio, no caso da morte de algumas plantas.

2.16. Principais tratos culturais do alecrim-pimenta em canteiro:

Os tratos culturais são basicamente as retiradas das ervas daninhas do canteiro, irrigação na estação seca, adubação de manutenção, poda de ramos secos e quebrados e replantio, no caso da morte de algumas plantas.

2.17. Adubação de manutenção do alecrim-pimenta cultivado em cova:

Repetir a aplicação da cova anualmente. As adubações anuais devem ser realizadas em faixas circulares, na projeção da copa, tendo-se o cuidado de fazer uma leve incorporação para não ser lavada. Outra forma é aproveitar os resíduos orgânicos das coberturas mortas secas e incorporar ao solo.

2.18. Adubação de manutenção do alecrim-pimenta cultivado em canteiro:

Fazer uma adubação de manutenção após cada colheita.

2.19. Pragas e doenças que podem afetar o alecrim-pimenta:

O alecrim-pimenta é praticamente imune às pragas e doenças, mas ocasionalmente pode ocorrer o aparecimento de cochonilhas no tronco.

Podem surgir mortes inesperadas, iniciando pelo amarelar das folhas e posterior secagem de toda a planta.

2.20. Controle:

Fazer o uso de alternativas para o controle de praga. Veja nos anexos uma coletânea de receitas de uso alternativo para o controle de pragas e doenças de plantas cultivadas.

2.21. Colheita:

2.21.1. Parte colhida:
O que se colhe do alecrim-pimenta para fins medicinais são as folhas.

2.21.2. Época de colheita:
A colheita pode ser feita em qualquer época do ano.

2.21.3. Início da colheita em cova:
Ela pode ser iniciada um ano após o plantio da muda.

2.21.4. Início da colheita em canteiro:
Ela pode ser iniciada seis meses após o plantio da muda, procedendo ao segundo corte com 120 dias. As plantas devem ser cortadas a uma altura de 30cm do solo.

2.21.5. Forma de colheita:
A colheita é feita com as retiradas das folhas, com muito cuidado para não quebrar os ramos, pois, se conservados, irão rebrotar para outras colheitas, puxando-as no sentido de baixo para cima dos seus ramos.

2.21.6. Horário da colheita:
A colheita, se ocorrer das 11 às 13 horas, favorecerá a obtenção da produção máxima de óleo essencial e de timol.

2.21.7. Informações complementares sobre a colheita:
O alecrim-pimenta proporciona inúmeras colheitas. A colheita deve ser feita sempre conservando no mínimo a metade das folhas para a manutenção da planta.

3. EXIGÊNCIAS DE CULTIVO DO ALECRIM-PIMENTA

3.1. Clima:
O alecrim-pimenta é uma planta própria da vegetação nordestina e do seu clima.

3.2. Solo:
O alecrim-pimenta adapta-se a quase todo tipo de solo, com exceção dos encharcados e excessivamente arenosos.

3.3. Luz:
Pode receber sol o dia todo, pois é uma planta de luz plena.

3.4. Irrigação para o alecrim-pimenta cultivado em cova:
Recomenda-se irrigar diariamente a parte interna da bacia até o pegamento da muda. Irrigar as mudas pegadas na projeção da copa, distanciando-se do tronco à medida que o sistema radicular vai se desenvolvendo. Esta irrigação deve ocorrer no mínimo três vezes por semana, na estação seca. Evitar o excesso de água na irrigação.

3.5. Irrigação para o alecrim-pimenta cultivado em canteiro:
Fazer a irrigação diariamente no verão, mas com moderação.

4. MÉTODO DE PRODUÇÃO DE MUDA DO ALECRIM-PIMENTA

4.1. Propagação:
A propagação do alecrim-pimenta é feita por estaquia.

4.2. Como produzir as mudas do alecrim-pimenta:
No preparo das mudas, devem ser utilizados sacos de polietileno com as dimensões aproximadas de 13cm x 21cm, preenchidos com mistura geralmente composta de 2 partes de barro, 2 partes de areia e 1 parte de esterco.

4.3. Procedimento:

1. Retirar com as mãos galhos pequenos, novos e em formação; junto com o galho deve vir a gema, necessária para a multiplicação;
2. Retirar as folhas da base e deixar dois pares de folhas na parte superior;
3. Plantar o galho em saco plástico previamente preparado. O galho não deve ficar folgado no saco; para isso, apertar bem a terra em volta com as mãos;
4. Manter o saco da muda úmido, porém não encharcado, para facilitar o enraizamento;
5. Manter a muda na sombra, regando-a frequentemente;
6. Quando a muda estiver completamente enraizada e bem desenvolvida, levá-la para o local definitivo.

INFORMAÇÕES COMPLEMENTARES PARA O CULTIVO DO ALECRIM--PIMENTA EM ESCALA COMERCIAL

O plantio deve ser feito no espaçamento de 0,50m x 0,50m em regime de irrigação e colheita mecanizada. A colheita deve ocorrer a partir de 120 dias do plantio da muda, procedendo-se a segunda colheita neste mesmo intervalo de tempo; as plantas devem ser cortadas a uma altura de 30cm do solo. O horário deve ser das 11 às 13 horas.

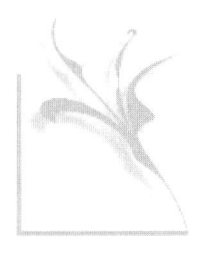

ALFAVACA-ANIS

1. ASPECTOS BOTÂNICOS DA ALFAVACA-ANIS

1.1. Nome científico:
Ocimum selloi Benth.

1.2. Família:
Labiatae (Lamiaceae)

1.3. Sinonímia científica:
Ocimum carnosum Link & Otto

1.4. Sinonímias populares:
Alfavaca-cheiro-de-anis, alfavaca, atroveran, eligir-paregórico, anis, alfavaquinha.

Saiba mais: O óleo essencial da alfavaca-anis entra na composição do tradicional Elixir Paregórico, o que levou o povo a usar suas folhas com a mesma finalidade e dar o mesmo nome à planta.

1.5. Origem:
Planta nativa das regiões Sudeste e Sul do Brasil.

Saiba mais: Ela ocorre principalmente nas regiões litorâneas.

1.6. Descrição da planta:
A alfavaca-anis é uma planta herbácea, ereta, aromática, que atinge até 50cm de altura.

As folhas são ovaladas, opostas, pecioladas, inteiras e membranáceas, com aroma semelhante ao da essência de anis.

As flores são miúdas, de cor branca e aglomeram-se no ápice dos ramos.

Os frutos são aquênios de cor escura, que se separam facilmente da semente.

Saiba mais: A alfavaca-anis é cultivada em jardins e hortas domésticas.

2. ASPECTOS AGRONÔMICOS DA ALFAVACA-ANIS

2.1. Ciclo da planta:
A alfavaca-anis é uma planta anual.
Saiba mais: Ela também pode ser considerada uma planta perene, dependendo da forma de cultivo.

2.2. Época de plantio:
Em nossas condições, dispondo de água, pode ser plantada o ano inteiro, e a melhor época é o início da estação chuvosa.

2.3. Forma de plantio:
A alfavaca-anis é plantada em canteiro previamente preparado.

2.4. Escolha das mudas:
As mudas devem ser vigorosas, bem formadas e sadias, devendo ter uma boa procedência para a implantação e para serem produzidas no próprio local posteriormente. Veja como produzir as mudas da alfavaca-anis no método de produção de mudas.

2.5. Espaçamento:
Recomenda-se adotar o espaçamento de 50cm entre plantas e 50cm entre fileiras.

2.6. Como construir os canteiros:
Veja estas informações no anexo.

2.7. Quantidade de mudas por metro quadrado quando cultivada em canteiro:
Haverá a necessidade de 4 mudas por metro quadrado.

2.8. Adubação do canteiro:
Distribuir de forma uniforme 20 litros de esterco de gado curtido ou 30 litros de composto por metro quadrado.

2.9. Como fazer o plantio das mudas:
Realizar o plantio das mudas de acordo com as informações no anexo.

2.10. Principais tratos culturais da alfavaca-anis:
Os tratos culturais são basicamente a irrigação nos períodos secos, retirada manual das ervas daninhas, controle das pragas, cobertura morta e rotação de cultura.

2.11. Pragas e doenças que podem afetar a alfavaca-anis:
A alfavaca-anis pode ser atacada por cochonilhas, pulgões e formigas.

2.12. Controle:
Fazer o uso de alternativas para o controle de pragas. Veja nos anexos uma coletânea de receitas de uso alternativo para o controle de pragas e doenças de plantas cultivadas.

2.13. Colheita:

2.13.1. Parte colhida:
O que se colhe da alfavaca-anis, para fins medicinais, são as folhas.

2.13.2. Época de colheita:
A colheita pode ser feita em qualquer época do ano.

2.13.3. Início da colheita:
Ela pode ser iniciada três meses após o plantio da muda, ou mais precisamente antes da floração, podando-se até 2/3 da planta para um novo rebrote.

2.13.4. Forma de colheita:
A colheita é feita com a retirada manual dos galhos, com o auxílio de uma tesoura de poda, para uma posterior retirada das folhas.

2.13.5. Informações complementares sobre a colheita:
A colheita da alfavaca-anis pode proporcionar mais de uma colheita.

3. EXIGÊNCIAS DE CULTIVO DA ALFACAVA-ANIS

3.1. Clima:
A alfavaca-anis é uma planta tropical.
Saiba mais: A alfavaca-anis prefere regiões de clima quente. Ela não suporta o frio, gosta de sol, mas não em excesso.

3.2. Solo:
A alfavaca-anis prefere solos férteis e fofos, com boa drenagem, mas não encharcados.

3.3. Luz:
Pode receber sol o dia todo, pois é uma planta de luz plena.

3.4. Irrigação:
Recomenda-se irrigar diariamente.

4. MÉTODO DE PRODUÇÃO DE MUDA DA ALFAVACA-ANIS

4.1. Propagação:
A propagação da alfavaca-anis é feita tanto por estaquia quanto por semente.

4.2. Como produzir as mudas da alfavaca-anis:
No preparo das mudas, devem ser utilizados sacos de polietileno com as dimensões aproximadas de 13cm x 21cm, preenchidos com mistura geralmente composta de 2 partes de barro, 2 partes de areia e 1 parte de esterco.

4.3. Procedimento para a produção de mudas por sementes:
1. Colher os frutos-semente de plantas adultas;
2. Semear as sementes a lanço em uma sementeira;
3. Após a germinação, com um pouco de desenvolvimento da mudinha, transplantar as mudinhas mais vigorosas para um saco plástico previamente preparado;

4. Manter a muda na sombra, regando-a frequentemente;
5. Quando a muda estiver bem desenvolvida, levá-la para o local definitivo.

4.4. Procedimento para a produção de mudas por estacas:

1. Retirar manualmente galhos pequenos, novos e sem flores, trazendo junto a gema;
2. Podar as folhas da base e deixar dois pares de folhas na parte superior;
3. Plantar o galho em saco plástico previamente preparado;
4. Manter a muda na sombra, regando-a frequentemente;
5. Quando a muda estiver completamente enraizada e bem desenvolvida, levá-la para o local definitivo.

ALFAVACA-CRAVO

1. ASPECTOS BOTÂNICOS DA ALFAVACA-CRAVO

1.1. Nome científico:
Ocimum gratissimum L.

1.2. Família:
Labiatae (Lamiaceae)

1.3. Sinonímias científicas:
Ocimum guineense Schumach. & Thunn.
Ocimum viride Willd.

1.4. Sinonímias populares:
Alfavaca, alfavacão, favacão, erva-cravo, alfavaca-de-cheiro, alfavaca--grande.

1.5. Origem:
Planta originária da Ásia.

1.6. Descrição da planta:
A alfavaca-cravo é um subarbusto aromático, ereto e muito esgalhado, com até 2m de altura.

As folhas são denteadas, miúdas, opostas, inteiras, pecioladas e de cor verde.

As flores são pequenas, roxo-pálidas, dispostas em numerosas inflorescências eretas, típicas do gênero *Ocimum*, geralmente em grupos de três, e se aglomeram no ápice.

O fruto-semente resulta em sementes muito pequenas, esféricas e de cor preta.

Saiba mais: A alfavaca-cravo tem um cheiro que pode ser facilmente reconhecido, pois lembra o cheiro típico do cravo-da-índia (*Eugenia caryophyllata*). No Brasil, ela ocorre quase espontaneamente em praticamente todas as regiões. Possui diversos quimiotipos.

2. ASPECTOS AGRONÔMICOS DA ALFAVACA-CRAVO

2.1. Ciclo da planta:
A alfavaca-cravo é uma planta perene.

2.2. Época de plantio:
Em nossas condições, dispondo de água, pode ser plantada o ano inteiro.

2.3. Forma de plantio:
A alfavaca-cravo é plantada em cova previamente preparada ou em canteiros também previamente preparados. O plantio em canteiro deve ser realizado para uma programação de sucessivas colheitas, pois, caso contrário, haverá um grande adensamento, podendo favorecer o aparecimento de pragas e doenças.

2.4. Escolha das mudas:
As mudas devem ser vigorosas, bem formadas e sadias, devendo ter uma boa procedência para a implantação e para serem produzidas no próprio local posteriormente. Veja como produzir as mudas da alfavaca-cravo no método de produção de mudas.

2.5. Espaçamento em cova:
Os espaçamentos mais recomendados variam de 1,00m entre plantas e 1,50m entre fileiras.

2.6. Espaçamento em canteiros:
Os espaçamentos mais recomendados variam de 0,70m entre plantas e 0,50m entre fileiras.

2.7. Marcação das covas:
Realizar a marcação das covas de acordo com as informações no anexo.

2.8. Tamanho da cova:
Recomenda-se adotar 40cm x 40cm de boca e 40cm de profundidade.

2.9. Preparação das covas:
Preparar as covas de acordo com as informações no anexo.

2.10. Como construir os canteiros:
Veja estas informações no anexo.

2.11. Quantidade de mudas por metro quadrado quando cultivada em canteiro:
Haverá a necessidade de 4 mudas por metro quadrado.

2.12. Adubação da cova:
Usar 5 litros de esterco de gado ou 10 litros de composto.

2.13. Adubação do canteiro:
Distribuir de forma uniforme 15 litros de esterco curtido de gado ou 20 litros de composto por metro quadrado.

2.14. Como fazer o plantio das mudas em cova ou em canteiro:
Realizar o plantio das mudas de acordo com as informações no anexo.

2.15. Principais tratos culturais da alfavaca-cravo em cova:
Resumem-se nas capinas até a alfavaca-cravo cobrir o solo, irrigação no verão, cobertura morta, adubação de manutenção, vigilância contra ataque das cochonilhas e poda de ramos secos e quebrados.

2.16. Principais tratos culturais da alfavaca-cravo em canteiro:
Os tratos culturais são basicamente a retirada das ervas daninhas do canteiro, irrigação na estação seca, manter um controle sistemático sobre a tiririca e, caso ocorra, vigilância contra o ataque das cochonilhas e adubação de manutenção.

2.17. Adubação de manutenção da alfavaca-cravo cultivada nas covas:

Realizar uma adubação de manutenção após cada colheita ou anualmente. Ela é realizada em faixas circulares, na projeção da copa, tendo-se o cuidado de fazer uma leve incorporação para não ser lavada. Outra forma é aproveitar os resíduos orgânicos das coberturas mortas secas e incorporá-los ao solo.

2.18. Adubação de manutenção da alfavaca-cravo cultivada nos canteiros:

Realizar uma adubação de manutenção após cada colheita ou semestralmente.

2.19. Pragas e doenças que podem afetar a alfavaca-cravo:

A alfavaca-cravo pode ser atacada por cochonilhas, pulgões e formigas.

2.20. Controle:

Fazer o uso de alternativa para o controle de praga. O melhor controle é evitar o mau manejo da alfavaca-cravo, bem como a deficiência hídrica ou nutricional. Veja nos anexos uma coletânea de receitas de uso alternativo para o controle de pragas e doenças de plantas cultivadas.

2.21. Colheita:

2.21.1. Parte colhida:

O que se colhe da alfavaca-cravo, para fins medicinais, são as folhas ou os ramos com folhas e flores.

2.21.2. Época de colheita:

A colheita pode ser feita em qualquer época do ano.

2.21.3. Início da colheita em covas:

Ela pode ser iniciada dez meses após o plantio da muda.

2.21.4. Início da colheita em canteiros:
Ela pode ser iniciada seis meses após o plantio da muda.

2.21.5. Forma de colheita:
A colheita é feita com as retiradas manuais das folhas ou com o auxílio de uma tesoura de poda, podando-se até 2/3 da planta para que ela rebrote novamente; neste caso, a colheita será de folhas e flores.

2.21.6. Horário da colheita:
O melhor horário para colheita é entre 11h e 13h, período em que o teor de princípio é mais elevado. Pela manhã, para banhos antigripais.

2.21.7. Informações complementares sobre a colheita:
A colheita da alfavaca-cravo pode proporcionar inúmeras colheitas. Após a primeira colheita, fazer outras em intervalos de 60 dias. Poda-se até 2/3 do pé para que ele rebrote.

3. EXIGÊNCIAS DE CULTIVO DA ALFACAVA-CRAVO

3.1. Clima:
A alfavaca-cravo é uma planta tropical.

3.2. Solo:
A alfavaca-cravo adapta-se a quase todo tipo de solo.

3.3. Luz:
Pode receber sol o dia todo, pois é uma planta de luz plena.

3.4. Irrigação da alfavaca-cravo cultivada em cova:
Recomenda-se irrigar diariamente a parte interna da bacia até o pegamento da muda, e posteriormente quatro vezes por semana na estação seca.

3.5. Irrigação da alfavaca-cravo cultivada em canteiro:
Recomenda-se irrigar diariamente.

Informação: A alfavaca-cravo sem irrigação no verão ocasiona secagem das folhas e uma predominância de flores secas.

4. MÉTODO DE PRODUÇÃO DE MUDA DA ALFAVACA-CRAVO

4.1. Propagação:
A propagação da alfavaca-cravo é feita tanto por estaquia como por semente.

4.2. Como produzir as mudas da alfavaca-cravo:
No preparo das mudas, devem ser utilizados sacos de polietileno com as dimensões aproximadas de 13cm x 21cm, preenchidos com mistura geralmente composta de 2 partes de barro, 2 partes de areia e 1 parte de esterco.

4.3. Procedimento para a produção de mudas por sementes:
1. Colher ramos secos com os frutos-semente de plantas adultas;
2. Separar as sementes com uma pequena peneira;
3. Semear as sementes a lanço em uma sementeira;
4. Após a germinação e com um pouco de desenvolvimento da mudinha, transplantar as mais vigorosas para um saco plástico previamente preparado;
5. Manter a muda na sombra, regando-a frequentemente;
6. Quando a muda estiver bem desenvolvida, levá-la para o local definitivo.

Saiba mais: As sementes são fotoblásticas positivas, portanto necessitam de luz para sua germinação, que ocorre com cinco dias após a semeadura.

4.4. Procedimento para a produção de mudas por estacas:

1. Retirar manualmente galhos pequenos, novos e sem flores, trazendo junto a gema;
2. Podar as folhas da base e deixar dois pares de folhas na parte superior;
3. Plantar o galho em saco plástico previamente preparado;
4. Manter a muda na sombra, regando-a frequentemente;
5. Quando a muda estiver completamente enraizada e bem desenvolvida, levá-la para o local definitivo.

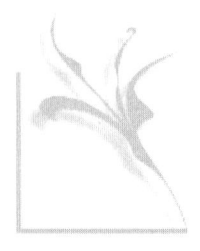

ALUMAN

1. ASPECTOS BOTÂNICOS DA ALUMAN

1.1. Nome científico:
Vernonia condensata Baker.

1.2. Família:
Compositae (Asteraceae)

1.3. Sinonímias científicas:
Vernonanthura condesata (Baker) H.Rob.
Vernonia bahiensis Toledo.
Vernonia sylvestris Glaz.

1.4. Sinonímias populares:
Boldo, alumã, aloma, luman, alcachofra, luman, figatil, boldo-de-goiás, heparém, boldo-chinês, boldo-goiano, boldo-baiano, boldo-japonês, árvore-do-pinguço, cidreira-da-mata, acumã, fel-de-índio, cambará--guaçu, boldo-de-goiás, boldo-africano
Saiba mais: A aluman muitas vezes é chamada de boldo, mas o boldo verdadeira é o boldo-do-chile (*Peumus boldus*).

1.5. Origem:
Planta da África tropical.

1.6. Descrição da planta:
A aluman é um arbusto, pouco ramificado, de ramos quebradiços, de 2 a 4 metros de altura.
As folhas são simples, inteiras, membranáceas, glabras, de 5 a 12 centímetros de comprimento, com sabor amargo seguido de doce quando mastigadas.
As flores são discretas, de coloração esbranquiçadas, reunidas em pequenas panículas terminais e axilares de capítulos alongados.
Saiba mais: A aluman foi trazida ainda nos tempos coloniais pelos escravos.

2. ASPECTOS AGRONÔMICOS DA ALUMAN

2.1. Ciclo da planta:
A aluman é uma planta perene.

2.2. Época de plantio:
Em nossas condições, dispondo de água, pode ser plantada o ano inteiro.

2.3. Forma de plantio:
A aluman é plantada em cova previamente preparada.

2.4. Escolha das mudas:
As mudas devem ser vigorosas, bem formadas e sadias, devendo ter uma boa procedência para a implantação e para serem produzidas no próprio local posteriormente. Veja como produzir as mudas da aluman no método de produção de mudas.

2.5. Espaçamento:
Recomenda-se adotar o espaçamento de 2,5m entre plantas e 2,5m entre fileiras.

2.6. Marcação das covas:
Realizar a marcação das covas de acordo com as informações no anexo.

2.7. Tamanho da cova:
Recomenda-se adotar 40cm x 40cm de boca e 40cm de profundidade.

2.8. Preparação das covas:
Preparar as covas de acordo com as informações no anexo.

2.9. Adubação da cova:
Usar 15 litros de esterco de gado curtido ou 20 litros de composto.

2.10. Como fazer o plantio das mudas:
Realizar o plantio das mudas de acordo com as informações no anexo.

2.11. Principais tratos culturais:
Os tratos culturais restringem-se às capinas em torno da planta, às irrigações na face inicial e na estação seca, à adubação de manutenção e ao controle de pragas.

2.12. Adubação de manutenção:
Recomenda-se repetir no mínimo a mesma aplicação de adubo orgânico da fundação anualmente na projeção da copa, acompanhado de uma irrigação.

2.13. Praga que ataca a aluman:
As formigas e as cochonilhas.

2.14. Controle:
Fazer o uso de alternativas para o controle de pragas. Veja nos anexos uma coletânea de receitas de uso alternativo para o controle de pragas e doenças de plantas cultivadas.

2.15. Colheita:

2.15.1. Parte colhida:
O que se colhe da aluman, para fins medicinais, são as folhas.

2.15.2. Época de colheita:
A colheita pode ser feita em qualquer época do ano.

2.15.3. Início da colheita:
As primeiras folhas são colhidas após o primeiro ano do plantio da muda.

2.15.4. Forma de colheita:
A colheita é feita manualmente com a retirada das folhas com uma tesoura de poda.

3. EXIGÊNCIAS DE CULTIVO DA ALUMAN

3.1. Clima:
A aluman é uma planta de clima tropical.

3.2. Solo:
A aluman adapta-se aos mais variados tipos de solo.

3.3. Luz:
Pode receber sol o dia todo, pois é uma planta de luz plena.

3.4. Irrigação:
Recomenda-se irrigá-las diariamente na face inicial e posteriormente quatro vezes por semana na estação seca.

4. MÉTODO DE PRODUÇÃO DA MUDA DE ALUMAN

4.1. Propagação:
A propagação da aluman é feita por estaquia.

4.2. Como produzir as mudas da aluman:
No preparo das mudas, devem ser utilizados sacos de polietileno com as dimensões de 18cm x 30cm, preenchidos com mistura geralmente composta de 2 partes de barro, 2 partes de areia e 1 parte de esterco.

4.3. Procedimento:
1. Retirar com uma tesoura de poda um pedaço de galho necessário para multiplicação;

2. Retirar as folhas do galho;
3. Enterrar 1/3 do galho no saco plástico previamente preparado. O galho não deve ficar folgado no saco; para isso, apertar bem com as mãos a terra em volta do galho plantado;
4. Manter a muda na sombra, regando-a frequentemente;
5. Quando a muda estiver bem desenvolvida, levá-la para o local definitivo.

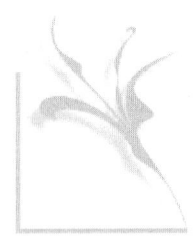

ARNICA-BRASILEIRA

1. ASPECTOS BOTÂNICOS DA ARNICA-BRASILEIRA

1.1. Nome científico:
Solidago chilensis Meyen
Saiba mais: A verdadeira arnica é a *Arnica montana*, que é originária das regiões montanhosas da Europa e se parece com uma margarida amarela. Esta arnica não é cultivada no Brasil, sendo importada da Europa. A arnica-brasileira é usada em substituição à arnica-verdadeira, sendo uma planta de crescimento vigoroso e persistente em pastagens, beira de estrada e terrenos baldios em todo o sul e sudeste brasileiro.

1.2. Família:
Compositae (Asteraceae)

1.3. Sinonímias científicas:
Solidago linearifolia DC.
Solidago linearifolia var. *brachypoda* Speg.
Solidago microglossa DC. var. *linearifolia* (DC.) Baker.
Solidago microglossa DC.
Solidago polyglossa DC.
Solidago marginella DC.
Solidago odora Hook.
Solidago vulneraria Mart.
Solidago nitidula Mart.

1.4. Sinonímias populares:
Arnica, arnica-do-campo, arnica-silvestre, erva-de-lagarto, erva--lanceta, espiga-de-ouro, lanceta, macela-miúda, marcela-miúda, rabo-de-rojão, sapé-macho.

1.5. Origem:
Planta medicinal nativa da América do Sul.

1.6. Descrição da planta:

A arnica-brasileira é um subarbusto erecto, não ramificado, entouceirado, rizomatoso, levemente aromático, de 80 a 120cm de altura. As folhas são simples, alternas, quase sésseis, ásperas ao tato, medindo entre 4 a 8cm de comprimento.

As flores são os capítulos florais, que são pequenos, com flores amarelas, reunidas em inflorescências escorpioides dispostas na extremidade dos ramos, conferindo ao conjunto o aspecto de uma grande panícula muito ornamental.

Saiba mais: Existe também a arnica-selvagem (*Lychnophora ericoides*), originária do Brasil, existente nos locais altos de Minas Gerais, Bahia e Goiás. Ela é um arbusto com folhas pequenas, caules longos e flores tufo, como as do dente-de-leão.

O nome arnica é dado também à espécie nativa do Nordeste conhecida por cravo-de-urubu (*Porophyllum ruderale*).

2. ASPECTOS AGRONÔMICOS DA ARNICA-BRASILEIRA

2.1. Ciclo da planta:
A arnica-brasileira é uma planta anual.

2.2. Época de plantio:
Em nossas condições, dispondo de água, pode ser plantada durante o ano inteiro.

2.3. Forma de plantio:
A arnica-brasileira é cultivada em canteiro previamente preparado.

2.4. Como construir os canteiros:
Veja estas informações no anexo.

2.5. Adubação dos canteiros:
Distribuir de forma uniforme 15 litros de esterco de gado ou 20 litros de composto por metro quadrado.

2.6. Escolha das mudas:

As mudas devem ser vigorosas, bem formadas e sadias, devendo ter uma boa procedência para a implantação e para serem produzidas no próprio local posteriormente. Veja como produzir as mudas da arnica-brasileira no método de produção de mudas.

2.7. Espaçamento:

Recomenda-se adotar o espaçamento de 40cm entre plantas e 50cm entre fileiras.

2.8. Quantidade de mudas por metro quadrado:

Haverá a necessidade de 4 a 6 mudas por metro quadrado, adotando o espaçamento indicado.

2.9. Como fazer o plantio das mudas em canteiros:

Realizar o plantio das mudas de acordo com as informações no anexo.

2.10. Principais tratos culturais:

Os tratos culturais são basicamente a irrigação nos períodos secos, retirada manual das ervas daninhas, cobertura morta e rotação de cultura.

2.11. Pragas e doenças que podem afetar a arnica-brasileira:

A arnica-brasileira é praticamente imune a pragas e doenças.

2.12. Colheita:

2.12.1. Parte colhida:

O que se colhe da arnica-brasileira, para fins medicinais, são as folhas e inflorescências.

2.12.2. Época de colheita:

A colheita pode ser feita em qualquer época do ano.

2.12.3. Início da colheita:
A colheita deve ser feita no início da floração.

2.12.4. Forma de colheita:
A colheita é feita manualmente com a ajuda de uma tesoura de poda.

2.12.5. Horário da colheita:
Colher na parte da manhã, assim que o sol nascer.

2.12.6. Informações complementares sobre a colheita:
A arnica-brasileira é uma planta de colheita única.

3. EXIGÊNCIAS DE CULTIVO DA ARNICA-BRASILEIRA

3.1. Clima:
A arnica-brasileira é uma planta de clima tropical.

3.2. Solo:
O solo do canteiro deve ser leve, solto e rico em matéria orgânica.

3.3. Luz:
A arnica-brasileira pode receber sol o dia todo, pois é uma planta de luz plena.

3.4. Irrigação:
Recomenda-se irrigar diariamente.

4. MÉTODO DE PRODUÇÃO DE MUDA DA ARNICA-BRASILEIRA

4.1. Propagação:
A propagação da arnica-brasileira é feita por sementes.
Saiba mais: Ela também se propaga por estolhos.

4.2. Como produzir as mudas da arnica-brasileira:

No preparo das mudas, devem ser utilizados sacos de polietileno com as dimensões aproximadas de 13cm x 21cm, preenchidos com mistura geralmente composta de 2 partes de barro, 2 partes de areia e 1 parte de esterco.

4.3. Procedimentos:

1. Colher as inflorescências que estão secando;
2. Retirar estas inflorescências secas da planta;
3. Semear estas inflorescências secas a lanço em uma sementeira;
4. Regar a sementeira regulamente;
5. Transplantar as mudinhas da sementeira para o saco plástico;
6. Quando a muda estiver bem desenvolvida, levá-la para o canteiro.

Saiba mais: É comum nascerem mudas nas proximidades do canteiro e no próprio canteiro. Estas mudas poderão ser aproveitadas para futuros plantios. A arnica-brasileira é de fácil cultivo.

AROEIRA-DO-SERTÃO

1. ASPECTOS BOTÂNICOS DA AROEIRA-DO-SERTÃO

1.1. Nome científico:
Myracrodrum urudeuva Allemão.

1.2. Família:
Anacardiaceae

1.3. Sinonímias científicas:
Astronium urundeuva (Allemão) Engl.
Astronium juglandifolium Griseb.
Astronium candollei Engl.

1.4. Sinonímias populares:
Arendiúva, arindeúva, aroeira, aroeira-verdadeira, aroeira-do-campo, aroeira-preta, caracuramira, urindeúva, urundeúva.

1.5. Origem:
Planta originária do Nordeste brasileiro.

1.6. Descrição da planta:
A aroeira-do-sertão é uma árvore dioica, de porte regular, próprio da caatinga e das matas secas com tronco; pode atingir 1m de diâmetro, e possui uma copa ampla.

As folhas são compostas, imparipinadas, com 5-7 pares de folíolos ovado-obtusos, pubescentes em ambas as faces quando jovem, com 5cm de comprimento.

As flores são masculinas e femininas; são pequenas e dispostas em grandes panículas pendentes, pardacentas e purpúreas, dispostas em pés separados.

Os frutos são drupáceos, globoso-ovais, pequenos, com restos do cálice em forma de estrela.

Saiba mais: A aroeira-do-sertão é explorada por meio do extrativismo e, se não houver preocupação com seu cultivo para as gerações futuras, pode entrar em extinção total.

2. ASPECTOS AGRONÔMICOS DA AROEIRA-DO-SERTÃO

2.1. Ciclo da planta:
A aroeira-do-sertão é uma planta perene de crescimento lento.

2.2. Época de plantio em cova:
O ideal é que o plantio seja feito no começo da estação chuvosa, como solo úmido o suficiente para favorecer o desenvolvimento das mudas plantadas.

2.3. Época de plantio em canteiro para a produção de brotos:
Dispondo de água, pode ser plantada durante o ano inteiro.

2.4. Forma de plantio tradicional:
A aroeira-do-sertão é plantada em cova previamente preparada.

2.5. Forma de plantio para a produção de brotos:
A aroeira-do-sertão pode também ser plantada em canteiro previamente preparado.

2.6. Como construir os canteiros:
Veja estas informações no anexo.

2.7. Escolha das mudas:
As mudas devem ser vigorosas, bem formadas e sadias. Veja como produzir as mudas da aroeira-do-sertão no método de produção de mudas.

2.8. Espaçamento em cova:
Recomenda-se adotar o espaçamento de 5,00m entre plantas e 5,00m entre fileiras.

2.9. Espaçamento em canteiro para a produção de brotos:
Recomenda-se adotar o espaçamento de 50cm entre plantas e 50cm entre fileiras.

2.10. Marcação das covas:
Realizar a marcação das covas de acordo com as informações no anexo.

2.11. Tamanho da cova:
Recomenda-se adotar 50cm x 50cm de boca e 50cm de profundidade.

2.12. Preparação das covas:
Preparar as covas de acordo com as informações no anexo.

2.13. Adubação da cova:
Usar 10 litros de esterco de gado curtido ou 15 litros de composto.

2.14. Adubação dos canteiros para a produção de brotos:
Distribuir de forma uniforme 12 litros de esterco de gado curtido ou 20 litros de composto por metro quadrado, repetindo-se esta adubação após a colheita de brotos.

2.15. Como fazer o plantio das mudas em covas ou em canteiro:
Realizar o plantio das mudas de acordo com as informações no anexo.

2.16. Principais tratos culturais da aroeira-do-sertão em cova:
Basicamente, os tratos culturais resumem-se nas capinas.

2.17. Principais tratos culturais da aroeira-do-sertão em canteiro:
Os tratos culturais são basicamente a retirada das ervas daninhas do canteiro, irrigação na estação seca e adubação de manutenção.

2.18. Pragas e doenças que podem afetar a aroeira-do-sertão:
A aroeira-do-sertão é praticamente imune a pragas e doenças.

2.19. Colheita de entrecasca:

2.19.1. Parte colhida:
O que se colhe da aroeira-do-sertão para fins medicinais são as cascas, para posteriormente retirar-se a entrecasca, que é a parte utilizada.

2.19.2. Época de colheita:
A melhor época de colher a casca da aroeira-do-sertão é antes da planta brotar novamente.

2.19.3. Início da colheita:
A colheita é iniciada quando aroeira-do-sertão estiver na fase adulta, ou seja, bem desenvolvida.

2.19.4. Forma de colheita:
A colheita é feita com a retirada das cascas de plantas adultas e sadias. Estas cascas são retiradas em pequenos pedaços, apenas de um dos lados, pois caso a retirada seja de grandes pedaços e principalmente se circunda o caule, a aroeira-do-sertão morre.

2.19.5. Informações complementares sobre a colheita:
A aroeira-do-sertão proporciona inúmeras colheitas, desde que elas sejam feitas de forma racional.
Lavar rapidamente as cascas colhidas em água corrente e depois secá-las ao sol.

2.20. Colheita de brotos:

2.20.1. Parte colhida:
O que se colhe da aroeira-do-sertão cultivada em canteiros com fins medicinais são os brotos.

2.20.2. Época de colheita:
A colheita pode ocorrer em qualquer época do ano.

2.20.3. Início da colheita:
A colheita é iniciada seis meses após o plantio da muda e o corte deve ser efetuado quando os brotos da aroeira-do-sertão tiverem 50cm de comprimento.

2.20.4. Forma de colheita:
A colheita é feita com as retiradas de brotos de 40cm, deixando os outros 10cm para novas brotações. A altura de corte deve ser de 15cm do solo.

2.20.5. Informações complementares sobre a colheita de brotos:
A aroeira-do-sertão cultivada em canteiro proporciona inúmeras colheitas de brotos. O primeiro corte será após seis meses, os outros cortes ocorrerão a cada quatro meses. Após a colheita dos brotos serão retiradas as folhas e o restante do procedimento é o mesmo para as entrecascas.

Saiba mais: Os brotos apresentam idêntica composição química da entrecasca.

3. EXIGÊNCIAS DE CULTIVO DA AROEIRA-DO-SERTÃO

3.1. Clima:
A aroeira-do-sertão é uma planta do semiárido.

3.2. Solo:
A aroeira-do-sertão adapta-se a quase todo tipo de solo, sendo que o melhor solo é o argiloso.

3.3. Luz:
Pode receber sol o dia todo, pois é uma planta de luz plena.

3.4. Irrigação da aroeira-do-sertão cultivada em cova:
No primeiro ano de implantação, recomenda-se irrigá-la periodicamente no verão.

3.5. Irrigação da aroeira-do-sertão cultivada em canteiro:
Recomenda-se irrigar diariamente na fase inicial e, posteriormente, três a quatro vezes por semana.

4. MÉTODO DE PRODUÇÃO DE MUDA DA AROEIRA-DO-SERTÃO

4.1. Propagação:
A propagação da aroeira-do-sertão é feita por sementes novas.

4.2. Como produzir as mudas da aroeira-do-sertão:
No preparo das mudas, devem ser utilizados sacos de polietileno com as dimensões aproximadas de 13cm x 21cm, preenchidos com mistura geralmente composta de 2 partes de barro, 2 partes de areia e 1 parte de esterco.

4.3. Procedimento da produção de mudas diretamente no saco plástico:
1. Semear no próprio saco 2 a 3 sementes;
2. Deixar o saco da muda na sombra, e regá-la frequentemente;
3. Após a germinação, deixar as mudinhas desenvolverem-se um pouco;
4. Fazer um desbaste nas mudinhas e deixar apenas uma por saco, a mais vigorosa;
5. Manter a muda na sombra, regando-a frequentemente;
6. Quando a muda estiver completamente enraizada e bem desenvolvida, levá-la para o local definitivo. Estas mudas não podem passar muito tempo no viveiro.

4.3. Procedimento da produção de mudas em sementeira:
1. Semear as sementes em sementeira;
2. Manter a sementeira na sombra e sendo regada;
3. Após a germinação das sementes, deixar as mudinhas desenvolverem-se um pouco para a seleção das melhores;

4. Transplantar as melhores e mais bem formadas para o saco plástico previamente preparado;
5. Manter as mudas na sombra, regando-as frequentemente;
6. Quando a muda estiver bem desenvolvida, levá-la para um local definitivo. Estas mudas não podem passar muito tempo no viveiro.

Saibam mais: O período de floração da aroeira-do-sertão é de julho a agosto. A colheita das sementes deve ser realizada de novembro a dezembro. Estas sementes perdem rapidamente o poder de germinação.

Atenção: Incluí a aroeira-do-sertão em meu livro como forma de homenagear a grande pesquisadora desta planta, que é a Professora Mary Anne Medeiros Bandeira.

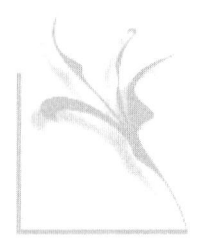

BABOSA

1. ASPECTOS BOTÂNICOS DA BABOSA

1.1. Nome científico:
Aloe vera (L.) Burm.f.
Saiba mais: O nome *Aloe* vem do árabe *alloeh*, que significa substância brilhante; *vera* vem do latim *verus*, que significa verdadeira.

1.2. Família:
Aloaceae

1.3. Sinonímias científicas:
Aloe barbadensis Mill
Aloe perfoliata var. *vera* L.

1.4. Sinonímias populares:
Aloé, caraguatá, babosa-de-jardim, erva-babosa, babosa-grande, babosa-medicinal, erva-de-azebre, caraguaté-de-jardim, aloé-do-cabo.

1.5. Origem:
Planta originária da África.

1.6. Descrição da planta:
A babosa é uma planta herbácea que pode atingir de 60cm a 1m de altura. O caule é curto, achatado e grosso.
As folhas são carnosas, alongadas, com espinhos e com final de pontas agudas, contendo no seu interior um tecido mole, viscoso, muito rico em substância mucilaginosa. Ela contém uma polpa amarela, de cheiro desagradável e gosto picante.
O comprimento, a largura e o número de folhas, bem como dos rebentos, aumenta de forma linear ao longo do ciclo da babosa.
Suas flores são hermafroditas, dispostas em racemos terminais densos e de cor amarela.
Saiba mais: Dentre as espécies de babosa cultivadas no Brasil, destacam-se: a *Aloe socotrina* L. cf. e *Aloe arborescens* Mill., sendo a última mais comum no sul do país.

A babosa é cultivada para fins medicinais e cosméticos, e cresce de forma subespontânea em toda a região do Nordeste do Brasil.

2. ASPECTOS AGRONÔMICOS DA BABOSA

2.1. Ciclo da planta:
A babosa é uma planta perene.

2.2. Época de plantio:
Em nossas condições, dispondo de água, pode ser plantada durante o ano inteiro.

2.3. Forma de plantio:
A babosa é cultivada em canteiro previamente preparado ou em cova também previamente preparada.
Saiba mais: A babosa é uma planta medicinal excelente para decoração de uma horta medicinal.

2.4. Como construir os canteiros:
Veja estas informações no anexo.

2.5. Escolha das mudas:
As mudas devem ser vigorosas, autênticas e bem formadas, devendo ter uma boa procedência para a implantação e para serem produzidas no próprio local posteriormente. Veja como produzir as mudas de babosa no método de produção de mudas.

2.6. Espaçamento em canteiros:
Recomenda-se adotar o espaçamento de 50cm entre plantas e 50cm entre fileiras. Pode também ser plantada em arranjo espacial de 50cm x 50cm em esquema triangular.

2.7. Espaçamento na cova:
Recomenda-se adotar o espaçamento de 1,0m entre plantas e 1,0m entre fileiras.

2.8. Marcação das covas:
Realizar a marcação das covas de acordo com as informações no anexo.

2.9. Tamanho da cova:
Recomenda-se adotar 40cm x 40cm de boca e 40cm de profundidade.

2.10. Preparação das covas:
Preparar as covas de acordo com as informações no anexo.

2.11. Quantidade de mudas por metro quadrado quando cultivada em canteiro:
Haverá a necessidade de 4 mudas por metro quadrado.

2.12. Adubação do canteiro:
Distribuir de forma uniforme 12 litros de esterco de gado curtido ou 20 litros de composto por metro quadrado.

2.13. Adubação da cova:
Usar 10 litros de esterco de gado curtido ou 15 litros de composto.

2.14. Como fazer o plantio das mudas em canteiro ou em cova:
Realizar o plantio das mudas de acordo com as informações no anexo.

2.15. Principais tratos culturais da babosa cultivada em canteiro:
Os tratos culturais são basicamente a retirada das ervas daninhas do canteiro, irrigação na estação seca, amontoar para liberação dos rebentos e repetir anualmente a adubação do canteiro.

2.16. Principais tratos culturais da babosa cultivada em cova:
Os tratos culturais são basicamente capinas, para manter a babosa sem grande competição com as invasoras, irrigação no período seco e fazer pequenos montes junto aos pés para evitar cortes com os instrumentos de capina.

2.17. Pragas e doenças mais comuns:

Ainda se desconhece a ocorrência de pragas. Quanto às doenças, pode ocorrer o apodrecimento da babosa em contato com o solo úmido.

2.18. Colheita:

2.18.1. Parte colhida:

O que se colhe da babosa, para fins medicinais, são as folhas.

2.18.2. Época de colheita:

A colheita pode ser feita o ano inteiro, sendo que a melhor época é ao final da floração.

2.18.3. Início da colheita:

A babosa leva 2 anos para alcançar a maturidade, quando as folhas chegam a 60cm de comprimento. Quando cultivada em canteiros, o início da colheita é antecipado.

2.18.4. Forma de colheita:

As folhas devem estar bem desenvolvidas e ser cortadas com instrumento afiado, de preferência uma faca, em um corte de baixo para cima, bem rente ao caule, ou seja, na base das folhas e com muito cuidado para evitar a perda do látex. Devem ser colhidas as folhas inferiores, que são as mais antigas e mais ricas em Princípios Ativos. A babosa não rebrota e as folhas velhas e as da periferia são as primeiras a serem colhidas.

2.18.5. Horário da colheita:

Colher nas primeiras horas da manhã.

2.18.6. Informações complementares sobre a colheita:

Não é conveniente regar a babosa nos 5 dias antes da colheita, para concentrar melhor seus Princípios Ativos.

Para a extração da resina, deixar as folhas penduradas com a base voltada para baixo por 2 dias. Após este tempo, são secas ao sol, e depois transformadas em pó.

3. EXIGÊNCIAS DE CULTIVO DA BABOSA

3.1. Clima:
A babosa é uma planta de regiões quentes.
Saiba mais: A babosa vegeta geralmente em locais ensolarados, mais frequentemente em locais rochosos ou pedregosos.

3.2. Solo:
O solo deve ser arenoso, bem drenado e fértil.
Saiba mais: A babosa não tolera solos encharcados.

3.3. Luz:
A babosa pode receber sol o dia todo, pois é uma planta de luz plena.
Saiba mais: Por ser uma planta de luz plena, não é aconselhável cultivar a babosa em locais de meia-sombra ou sombreados.

3.4. Irrigação da babosa cultivada em covas:
Recomenda-se irrigá-la diariamente na fase inicial e, posteriormente, três vezes por semana. As irrigações devem ser feitas sempre com moderação. A babosa não é muito exigente com relação à água.

3.5. Irrigação da babosa cultivada em canteiro:
Recomenda-se irrigar diariamente, com moderação.

4. MÉTODO DE PRODUÇÃO DE MUDA DA BABOSA

4.1. Propagação:
A propagação da babosa é feita pela divisão de rebentos.

4.2. Como produzir as mudas da babosa:

No preparo das mudas, devem ser utilizados sacos de polietileno com as dimensões aproximadas de 13cm x 21cm, preenchidos com mistura geralmente composta de 2 partes de barro, 2 partes de areia e 1 parte de esterco.

4.3. Procedimento:

1. Escolher a planta-mãe;
2. Molhar a planta-mãe;
3. Retirar com muito cuidado os rebentos que surgem em volta da planta-mãe. Esta retirada dever ser feita de forma que traga junto uma porção dela, pois esta porção que vem, tem a capacidade de emitir novas raízes;
4. Fazer o plantio do rebento em saco plástico previamente pre-parado. Ao fazer o plantio, não enterrar muito para não causar apodrecimento do rebento;
5. Manter a muda na sombra, e regá-la frequentemente;
6. Quando a muda estiver bem desenvolvida, levá-la para o local definitivo.

BABOSA-RAMOSA

1. ASPECTOS BOTÂNICOS DA BABOSA-RAMOSA

1.1. Nome científico:

Aloe arborescens Mil.
Saiba mais: Esta espécie de babosa está despertando grande interesse científico causado pelo crescente uso popular como antitumoral.

1.2. Família:

Aloaceae

1.3. Sinonímia científica:

Aloe arborescens var. frutescens Link.

1.4. Sinonímias populares:

Aloé, babosa, alóe-candelabro, babosa de arbusto, babosa-de-arbusto, erva-babosa, erva de azebra, caraguatá, caraguatá-de-jardim.

1.5. Origem:

Planta originária da África do Sul a Moçambique e Zimbabué.

1.6. Descrição da planta:

A babosa-ramosa é uma planta arbustiva com caule tenro, erecto ou levemente decubente. Suas raízes são longas e de um amarelo intenso, internamente.

As folhas são simples, alternas, sésseis, tenras e engrossadas, longas, lanceoladas, dispostas em espiral numa roseta, de ápice e margem com dentes grossos e agudos.

As flores são hermafroditas, actinomorfas, vistosas, de perigônio tubuloso, reunidas em inflorescências terminais e eretas, do tipo racemo e de cor vermelha.

Os frutos apresentam a forma de cápsulas trígonas e deiscentes, com três lóculos.

Saiba mais: Esta espécie de babosa ficou famosa com a receita do frei Zago.

2. ASPECTOS AGRONÔMICOS DA BABOSA-RAMOSA

2.1. Ciclo da planta:
A babosa-ramosa é uma planta perene.

2.2. Época de plantio:
Em nossas condições, dispondo de água, pode ser plantada durante o ano inteiro.

2.3. Forma de plantio:
A babosa-ramosa é cultivada em canteiro previamente preparado, ou em cova também previamente preparada.

2.4. Como construir os canteiros:
Veja estas informações no anexo.

2.5. Escolha das mudas:
As mudas devem ser vigorosas, autênticas e bem formadas, devendo ter uma boa procedência para a implantação e para serem produzidas no próprio local posteriormente. Veja como produzir as mudas de babosa-ramosa no método de produção de mudas.

2.6. Espaçamento em canteiros:
Recomenda-se adotar o espaçamento de 50cm entre plantas e 50cm entre fileiras.

2.7. Espaçamento na cova:
Recomenda-se adotar o espaçamento de 80cm entre plantas e 1,0m entre fileiras.

2.8. Marcação das covas:
Realizar a marcação das covas de acordo com as informações no anexo.

2.9. Tamanho da cova:
Recomenda-se adotar 40cm x 40cm de boca e 40cm de profundidade.

2.10. Preparação das covas:
Preparar as covas de acordo com as informações no anexo.

2.11. Quantidade de mudas por metro quadrado quando cultivada em canteiro:
Haverá a necessidade de 4 mudas por metro quadrado.

2.12. Adubação do canteiro:
Distribuir de forma uniforme 12 litros de esterco de gado curtido, ou 20 litros de composto por metro quadrado.

2.13. Adubação da cova:
Usar 10 litros de esterco de gado curtido ou 15 litros de composto.

2.14. Como fazer o plantio das mudas em canteiro ou em cova:
Realizar o plantio das mudas de acordo com as informações no anexo.

2.15. Principais tratos culturais da babosa-ramosa cultivada em canteiro:
Os tratos culturais são basicamente a retirada das ervas daninhas do canteiro, irrigação na estação seca, amontoar para liberação dos rebentos e repetir anualmente a adubação do canteiro.

2.16. Principais tratos culturais da babosa-ramosa cultivada em cova:
Os tratos culturais são basicamente capinas, para manter a babosa sem grande competição com as invasoras, irrigação no período seco e fazer pequenos montes junto aos pés para evitar cortes com os instrumentos de capina.

2.17. Pragas e doenças mais comuns:
Ainda se desconhece a ocorrência de pragas. Quanto às doenças, pode ocorrer o apodrecimento da babosa em contato com o solo úmido.
Saiba mais: Ventos frios podem queimar as pontas das folhas.

2.18. Colheita:

2.18.1. Parte colhida:
O que se colhe da babosa-ramosa, para fins medicinais, são as folhas.

2.18.2. Época de colheita:
A colheita pode ser feita o ano inteiro, sendo que a melhor época é ao final da floração.

2.18.3. Início da colheita:
A colheita é feita após um ano de cultivo.

2.18.4. Forma de colheita:
A colheita é feita manualmente.

2.18.5. Horário da colheita:
Colher nas primeiras horas da manhã.

3. EXIGÊNCIAS DE CULTIVO DA BABOSA-RAMOSA

3.1. Clima:
A babosa-ramosa é uma planta de clima tropical e subtropical.
Saiba mais: Não é recomendado cultivar a babosa-ramosa em locais sombreados.

3.2. Solo:
A babosa-ramosa não é muito exigente quanto ao solo, sendo que os melhores são os arenosos e areno-argilosos.
Saiba mais: A babosa-ramosa é sensível aos solos ácidos e aos ricos em matéria orgânica.

3.3. Luz:
A babosa-ramosa pode receber sol o dia todo, pois é uma planta de luz plena.

Saiba mais: Por ser uma planta de luz plena, não é aconselhável cultivar a babosa em locais de meia-sombra ou sombreados.

3.4. Irrigação da babosa-ramosa cultivada em covas:

Recomenda-se irrigá-la diariamente na fase inicial e, posteriormente, três vezes por semana. As irrigações devem ser feitas sempre com moderação. A babosa não é muito exigente com relação à água.

3.5. Irrigação da babosa-ramosa cultiva em canteiro:

Recomenda-se irrigar diariamente, com moderação.

4. MÉTODO DE PRODUÇÃO DE MUDA DA BABOSA-RAMOSA

4.1. Propagação:

A propagação da babosa-ramosa é feita pela divisão de rebentos.

4.2. Como produzir as mudas da babosa-ramosa:

No preparo das mudas, devem ser utilizados sacos de polietileno com as dimensões aproximadas de 13cm x 21cm, preenchidos com mistura geralmente composta de 2 partes de barro, 2 partes de areia e 1 parte de esterco.

4.3. Procedimento:

1. Escolher a planta-mãe;
2. Molhar a planta-mãe;
3. Retirar com muito cuidado os rebentos que surgem em volta da planta-mãe. Esta retirada dever ser feita de forma que traga junto uma porção dela, pois esta porção, tem a capacidade de emitir novas raízes;
4. Fazer o plantio do rebento em saco plástico previamente pre-parado. Ao fazer o plantio, não enterrar muito para não causar apodrecimento do rebento;
5. Manter a muda na sombra, e regá-la frequentemente;
6. Quando a muda estiver bem desenvolvida, levá-la para o local definitivo.

CAPIM-CITRONELA

1. ASPECTOS BOTÂNICOS DO CAPIM-CITRONELA

1.1. Nome científico:

Cymbopogon winterianus Jowitt

Saiba mais: O capim-citronela é muito parecido com o capim-santo; embora a aparência seja realmente próxima, dá para diferenciá-los pelo cheiro: o capim-santo apresenta um cheiro suave, que lembra o limão; já o cheiro é bem intenso no capim-citronela, lembrando o eucalipto-limão. Outra diferença é o tamanho – o capim-citronela é bem maior que o capim-santo.

1.2. Família:

Gramineae

1.3. Sinonímias científicas:

Cymbopogon nardus (L.) Rendle
Cymbopogon confertiflorus (Steud.) Stapf
Andropogon ampliflorus Steud
Andropogon nardus L.
Sorghum nardus (L.) Kuntze

1.4. Sinonímias populares:

Citronela, capim-citronela, citronela-do-ceilão, cidró-do-Paraguai, citronela-de-java.

1.5. Origem:

Planta originária do Ceilão.

1.6. Descrição da planta:

O capim-citronela é uma planta herbácea, cespitosa, alta, com caule rizomatoso, curto, semissubterrâneo, nodoso, com inúmeras raízes fortes, fibrosas e longas. Deste rizoma, emergem muitas brotações. Esta planta forma uma touceira densa com crescimento bastante rápido.

As folhas são inteiras, estreitas e longas, invaginantes, de bordos ásperos, cortantes, ápice acuminado e de coloração verde-clara.

As flores são raras e estéreis, isto é, não formam sementes.

Saiba mais: O capim-citronela é cultivado principalmente em Java, Haiti, Honduras, Yaiwa, Guatemala e República da China. Hoje, no Brasil, ele passou a ser cultivado pelo seu óleo essencial, tanto para o mercado interno quanto para exportação.

2. ASPECTOS AGRONÔMICOS DO CAPIM-CITRONELA

2.1. Ciclo da planta:
O capim-citronela é uma planta perene.

Atenção: Mesmo sendo perene, é recomendável que o capim-citronela, quando cultivado, passe por um replantio a cada três anos.

2.2. Época de plantio:
Em nossas condições, dispondo de água, pode ser plantado durante o ano inteiro.

2.3. Forma de plantio normal:
O capim-citronela é cultivado em covas previamente preparadas.

Saiba mais: Para pequenas áreas, utilizar mudas para o plantio.

2.4. Forma de plantio intensivo:
O plantio intensivo pode ser feito por perfilhos, devendo ser utilizado três por cova para obter um bom índice de pega. Neste caso, o plantio é feito diretamente no campo sem passar pelo viveiro de muda.

Saiba mais: O capim-citronela é excelente para bordadura em áreas grandes. Ele apresenta efeitos alelopáticos positivos quando plantado em conjunto com outras plantas, repelindo pragas e, desta forma, protegendo as companheiras.

2.5. Adubação na cova:
Usar 10 litros de esterco de gado curtido, ou 20 litros de composto por cova. Esta adubação deve ser repetida a cada seis meses.

2.6. Adubação para plantio intensivo:

Usar 20 litros de esterco curtido ou 40 litros de composto por metro quadrado. Esta adubação deve ser repetida a cada seis meses.

2.7. Escolha das mudas:

As mudas devem ser vigorosas, autênticas e bem formadas, devendo ter uma boa procedência para a implantação e para serem produzidas no próprio local posteriormente. Veja como produzir as mudas de capim-citronela no método de produção de mudas.

2.8. Espaçamento normal:

Recomenda-se adotar o espaçamento de 1,0m entre plantas e 1,0m entre fileiras.

2.9. Espaçamento para plantio intensivo:

Recomenda-se adotar o espaçamento de 0,5m entre plantas e 0,5m entre fileiras.

2.10. Como fazer o plantio das mudas:

Realizar o plantio das mudas de acordo com as informações no anexo.

2.11. Principais tratos culturais:

Os tratos culturais restringem-se basicamente a capinas, irrigação e adubação de cobertura.

2.12. Pragas e doenças:

O capim-citronela é praticamente imune a pragas e doenças.

2.13. Colheita:

2.13.1. Parte colhida:

O que se colhe do capim-citronela são as folhas.

Atenção: As folhas do capim-citronela não são usadas de forma medicinal e sim como aromatizante de ambientes e repelente de insetos. Ela também apresenta ação antimicrobiana local e acaricida.

2.13.2. Época de colheita:
A colheita pode ser feita o ano inteiro.

2.13.3. Início da colheita:
A colheita pode ser iniciada a partir do segundo ano em diante, em dois cortes a 10cm do solo.

2.13.4. Início da colheita no plantio intensivo:
A colheita pode ser iniciada aos seis meses, após o plantio da muda, fazendo-se cortes subsequentes a cada quatro meses. Estas plantas devem ser cortadas a 30cm de altura.

2.13.5. Forma de colheita do capim-citronela:
A colheita é feita de forma manual usando-se uma ferramenta comum de cortar capim. Para esta colheita devem ser usadas luvas, pois as bordas das folhas produzem cortes superficiais na pele.

2.13.6. Horário da colheita:
Colher entre 9 e 11 horas da manhã.

2.13.7. Informação complementar sobre a colheita:
As folhas da capim-citronela podem ser secas por um período de oito dias para a obtenção de máximo rendimento.

3. EXIGÊNCIAS DE CULTIVO DO CAPIM-CITRONELA

3.1. Clima:
O capim-citronela é uma planta de clima tropical.
Saiba mais: O capim-citronela não suporta frios ou geadas.

3.2. Solo:
O capim-citronela não é muito exigente, mas recomenda-se o plantio em solo fértil e úmido para uma boa produção.

3.3. Luz:

O capim-citronela pode receber sol o dia todo, pois é uma planta de luz plena.

Saiba mais: O capim-citronela não vai bem à sombra ou meia-sombra

3.4. Irrigação:

Recomenda-se irrigar quatro vezes por semana no verão.

4. MÉTODO DE PRODUÇÃO DE MUDA DO CAPIM-CITRONELA

4.1. Propagação:

A propagação do capim-citronela é feita por divisão de touceira.

4.2. Como produzir as mudas do capim-citronela:

No preparo das mudas, devem ser utilizados sacos de polietileno com as dimensões aproximadas de 13cm x 25cm, preenchidos com mistura geralmente composta de 2 partes de barro, 2 partes de areia e 1 parte de esterco.

4.3. Procedimento:

1. Escolher a planta-mãe;
2. Molhar a planta-mãe;
3. Arrancar a planta-mãe, preservando ao máximo suas raízes;
4. Separar manualmente a grande touceira da planta-mãe em várias partes individuais;
5. Reduzir o excedente das raízes em 1/3, com a finalidade de evitar que o excesso de raízes venha apodrecer e contaminar as raízes novas;
6. Reduzir 2/3 da parte aérea, sem afetar o ponto de crescimento para que não haja desidratação da muda e possibilite uma brotação de folhas mais rapidamente e de maneira uniforme;
7. Plantar o que foi dividido em saco plástico previamente preparado e de tamanho adequado;

8. Regar bem nas primeiras semanas e manter a muda na sombra;
9. Continuar regando com mais moderação;
10. Quando a muda estiver desenvolvida, levá-la para o local definitivo.

Saiba mais: Após arrancar a planta-mãe, plantar no mesmo dia, pois se deixar as raízes secarem a muda não irá pegar.

5. USO ALTERNATIVO DO CAPIM-CITRONELA

5.1. Repelir insetos, ação acaricida.
Queimar as folhas secas do capim-citronela para produzir fumaça com efeito repelente e acaricida.

5.2. Aromatizar o ambiente, ação antimicrobiana local e acaricida contra os microácaros do ar, responsável por processos alérgicos respiratórios, comuns em ambientes acarpetados e com ar-condicionado.
Queimar as folhas secas do capim-citronela para obter uma com--bustão em ambientes abertos e produzir ação aromatizante. A fumigação também pode acontecer em ambientes fechados pelo período de uma hora, neste caso as pessoas devem ser retiradas do local. É necessário tomar precauções pela presença de fogo vivo em um ambiente fechado.

5.3. Afugentar as moscas e os mosquitos.
Cultivar o capim-citronela estrategicamente próximo às janelas das casas.

5.4. Controlar os carrapatos de cães.
Encher um frasco de boca larga com metade de folhas do capim--citronela e metade de folhas da arruda. Colocar álcool até a metade do frasco e completar com água filtrada. Deixar em maceração por uma semana em um local escuro. Agitar pelo menos uma vez ao dia.

Coar. Cortar em pequenos pedaços uma barra de sabão de coco. Colocar os pedaços de sabão em uma panela. Juntar 250ml de água aos pedaços de sabão. Levar ao fogo. Aquecer, mexendo com uma colher de pau até derreterem os pedaços de sabão. Desligar o fogo. Colocar 250ml da tintura caseira preparada. Continuar mexendo com uma colher de pau. Deixar esfriar. Colocar em um vidro limpo. Lavar o animal com o sabonete líquido caseiro.

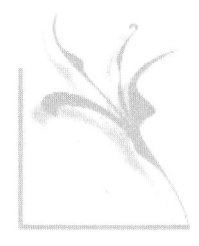

CAPIM-SANTO

1. ASPECTOS BOTÂNICOS DO CAPIM-SANTO

1.1. Nome científico:
Cymbopogon citratus Stapf

1.2. Família:
Gramineae

1.3. Sinonímias científicas:
Andropogon schoenanthus L.
Andropogon citratus DC. Ex
Andropogon cariferus Hack
Andropogon citriodorum hort. Ex Desf.
Andropogon nardus subep. *Ceriferus* (Hack)
Andropogon roxburghii Nees ex Steud.
Andropogon densiflorus Steud.
Cymbopogon nardus subvar. *Citratus* (DC.) Roberty
Cymbopogon densiflorus Stapf.

1.4. Sinonímias populares:
Capim-de-cheiro, capim-cidreira, erva-cidreira, capim-limão, capim-de-
-estrada, capim-cidrão, cidró, capim-cheiroso, chá-de-estrada,
capim-cidrilho, capim-cidro, capim-marinho, citronela-de-java,
capim-catinga, capim-ciri, grama-cidreira.

1.5. Origem:
Planta originária da Índia.

1.6. Descrição da planta:
O capim-santo é uma erva herbácea graminoides, erecta, aromática,
crespitosa, erecta, formando touceira compacta, colmo ereto,
simples ou ramificado. Possui rizoma semissubterrâneo.
As folhas são moles, basais, glabras, longas, estreitas, pontudas,
simples, ásperas, com margens cortantes e, quando recentemente
amassadas, têm forte cheiro de limão.

Possui bainhas fechadas na base, mais curtas que os entrenós.
As inflorescências apresentam-se normalmente em pares de racemos espiciformes e espiguetas sésseis.
As flores são raras e estéreis, isto é, não formam sementes.

2. ASPECTOS AGRONÔMICOS DO CAPIM-SANTO

2.1. Ciclo da planta:
O capim-santo é uma planta perene.
Atenção: Mesmo sendo perene, é recomendável que o capim-santo, quando cultivado em canteiro, não passe mais que um ano neste mesmo lugar.
Saiba mais: O capim-santo é cultivado em quase todos os países tropicais.

2.2. Época de plantio:
Em nossas condições, dispondo-se de água, pode ser plantado durante o ano inteiro.

2.3. Forma de plantio:
O capim-santo é cultivado em canteiro previamente preparado, ou em covas também previamente preparadas.
Saiba mais: Pode ser plantado também em curvas de nível para ajudar a conter a erosão. As folhas do capim-santo proporcionam uma excelente cobertura morta em canteiros, pois o vento não consegue retirar as folhas de lá.

2.4. Como construir os canteiros:
Veja estas informações no anexo.

2.5. Adubação do canteiro:
Distribuir de forma uniforme 15 litros de esterco de gado curtido ou 20 litros de composto por metro quadrado.

2.6. Adubação em cova:
Usar 5 litros de esterco de gado curtido ou 10 litros de composto.

2.7. Escolha das mudas:
As mudas devem ser vigorosas, autênticas e bem formadas, devendo ter uma boa procedência para a implantação e para serem produzidas no próprio local posteriormente. Veja como produzir as mudas de capim-santo no método de produção de mudas.

2.8. Espaçamento em canteiro:
Recomenda-se adotar o espaçamento de 50cm entre plantas e 50cm entre fileiras.

2.9. Espaçamento em cova:
Deve ser plantado em covas no espaçamento de 50cm entre plantas e 80cm em fileiras.

2.10. Quantidade de mudas por metro quadrado em canteiro:
Haverá a necessidade de 4 mudas por metro quadrado.

2.11. Como fazer o plantio das mudas:
Realizar o plantio das mudas de acordo com as informações no anexo.

2.12. Como fazer o plantio direto:
Os perfilhos também podem ser plantados diretamente no canteiro ou na cova, basta enterrar o terço basal dos perfilhos no espaçamento indicado.

2.13. Principais tratos culturais em canteiros:
Os tratos culturais restringem-se basicamente à retirada das ervas daninhas, enquanto o capim-santo cobre o canteiro; as irrigações nos períodos secos e a adubação de manutenção devem ser a cada 90 dias.

2.14. Principais tratos culturais em covas:

Resumem-se a capinas manuais periódicas sem revolver o solo ou danificar as raízes; cobertura morta e adubação de manutenção devem ser a cada 120 dias.

2.15. Pragas e doenças:

O capim-santo é praticamente imune a pragas e doenças, mas ocasionalmente pode surgir cochonilha de raiz. Quando cultivado em solo úmido, pode ocorrer o aparecimento de uma ferrugem parda sobre as folhas.

2.16. Controle:

Uso de controle alternativo de pragas e doenças. Veja nos anexos uma coletânea de receitas de uso alternativo para o controle de pragas e doenças de plantas cultivadas.

2.17. Colheita:

2.17.1. Parte colhida:

O que se colhe do capim-santo para fins medicinais são as folhas.

2.17.2. Época de colheita:

A colheita pode ser feita o ano inteiro.

2.17.3. Início da colheita em canteiros:

A colheita pode ser iniciada a partir de seis meses após o plantio da muda. As demais colheitas, a cada quatro meses.

2.17.4. Início da colheita em covas:

A colheita pode ser iniciada a partir de oito a dez meses após o plantio da muda. As demais colheitas, a cada seis meses.

2.17.5. Forma de colheita do capim-santo cultivado em canteiros:

A colheita é feita manualmente com os cortes das folhas e deixando a planta brotar novamente; este corte é feito a 15cm acima do solo, pois o capim-santo rebrotará novamente. Pelo fato de a colheita ser manual, muito cuidado, pois as folhas são cortantes.

2.17.6. Forma de colheita do capim-santo cultivado em covas:
A colheita é feita também manualmente, usando-se uma ferramenta comum de cortar capim, abraçando a touceira e cortando-a rente ao solo.

2.17.7. Horário da colheita:
Colher entre 8h e 10h. A colheita com sol intenso prejudica o rendimento, pois o calor provoca a volatização do óleo.

2.17.8. Informação complementar sobre a colheita:
Folhas molhadas ou umedecidas fermentam quando armazenadas. As folhas colhidas devem ficar em local fresco até serem levadas para o local de secagem. Estas folhas devem ser picadas para facilitar a secagem. Muito cuidado na hora da colheita das folhas, pois elas são cortantes.

3. EXIGÊNCIAS DE CULTIVO DO CAPIM-SANTO

3.1. Clima:
O capim-santo é uma planta de clima tropical.

3.2. Solo:
O solo do canteiro deve ser leve, solto, rico em matéria orgânica e bem drenado. No plantio em covas, o solo não pode ser demasiadamente seco ou com umidade excessiva.

3.3. Luz:
O capim-santo pode receber sol o dia todo, pois é uma planta de luz plena.

3.4. Irrigação:
Recomenda-se irrigar diariamente.

4. MÉTODO DE PRODUÇÃO DE MUDA DO CAPIM-SANTO

4.1. Propagação:
A propagação do capim-santo é feita por divisão de touceira.

4.2. Como produzir as mudas do capim-santo:
No preparo das mudas, devem ser utilizados sacos de polietileno com as dimensões aproximadas de 13cm x 21cm, preenchidos com mistura geralmente composta de 2 partes de barro, 2 partes de areia e 1 parte de esterco.

4.3. Procedimento:
1. Escolher a planta-mãe;
2. Molhar a planta-mãe;
3. Arrancar a planta-mãe, preservando ao máximo suas raízes;
4. Separar manualmente a grande touceira da planta-mãe em várias partes individuais;
5. Reduzir o excedente das raízes em 1/3, com a finalidade de evitar que o excesso de raízes venha apodrecer e contaminar as raízes novas;
6. Reduzir 2/3 da parte aérea, sem afetar o ponto de crescimento para que não haja desidratação da muda e possibilite uma brotação de folhas mais rápida e de maneira uniforme;
7. Deixar com o tamanho de 20cm;
8. Plantar o que foi dividido em saco plástico previamente preparado e de tamanho adequado;
9. Regar bem nas primeiras semanas e manter a muda na sombra;
10. Continuar regando com mais moderação;
11. Quando a muda estiver desenvolvida, levá-la para o canteiro ou cova.

INFORMAÇÕES COMPLEMENTARES PARA O CULTIVO DO CAPIM-
-SANTO EM ESCALA COMERCIAL

O plantio do capim-santo em escala comercial é feito em cova com o espaçamento variando de 80cm x 40cm a 120cm x 60cm. Seu início deve ser na estação chuvosa e com o solo relativamente úmido. O plantio é feito com um talo grosso diretamente no solo preparado. Nos primeiros meses, é preciso eliminar as ervas daninhas. São feitas três colheitas anuais, após quatro meses.

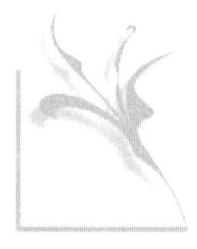

CHAMBÁ

1. ASPECTOS BOTÂNICOS DO CHAMBÁ

1.1. Nome científico:
Justiticia pectoralis var. *stenophylla* Leonard.

1.2. Família:
Acanthaceae

1.3. Sinonímias científicas:
Dianthera pectoralis (Jacq.) J.F. gmel.
Dianthera pectoralis (Jacq.) Murray
Ecbolium pectoralis (Jacq.) Kuntze
Psacadocalymma pectorale (Jacq.) Bremek
Rhytiglossa pectoralis (Jacq.) Nees
Stethoma pectoralis (Jacq.) Raf.

1.4. Sinonímias populares:
Trevo-cumaru, anador, alfredo, canelinha, saíra-de-jordão, trevo-do--pará, trevo-roxo, chachambá.

1.5. Origem:
Planta originária da América tropical.

1.6. Descrição da planta:
O chambá é uma erva rasteira, sempre verde, crescendo e formando um conjunto aglomerado ou touceira que atingem até 40cm.
O caule é reptante e ascendente, engrossado nos nós.
As folhas são opostas, curto-pecioladas, simples, inteiras, estreitas e lanceoladas, com até 5cm de comprimento.
As flores são pequenas, azuladas e em espigas terminais.
Saiba mais: Não confundir o chambá com o conhecido anador ou falso-chambá. O chambá cresce formando touceira e o anador, ou falso-chambá, cresce enramando. Os dois são apenas parecidos, mas com o desenvolvimento das plantas esta diferença fica bem evidenciada.

2. ASPECTOS AGRONÔMICOS DO CHAMBÁ

2.1. Ciclo da planta:
O chambá é uma planta anual.

2.2. Época de plantio:
Em nossas condições, dispondo de água, pode ser plantada durante o ano inteiro.

2.3. Forma de plantio:
O chambá é cultivado em canteiro previamente preparado.

2.4. Como construir os canteiros:
Veja estas informações no anexo.

2.5. Adubação do canteiro:
Distribuir de maneira uniforme 10 litros de esterco de gado curtido, ou 20 litros de composto por metro quadrado. Fazer também uma adubação na cova no momento do plantio da muda, usando meio litro de húmus de minhoca ou um litro e meio de esterco de gado ou ainda três litros de composto. Deve-se fazer adubação de cobertura dois meses depois utilizando a mesma quantidade do plantio.

2.6. Escolha das mudas:
As mudas devem ser vigorosas, autênticas e bem formadas, devendo ter uma boa procedência para a implantação e para serem produzidas no próprio local posteriormente. Veja como produzir as mudas de chambá no método de produção de mudas. Não utilizar mudas velhas e passadas.

2.7. Espaçamento:
Recomenda-se adotar o espaçamento de 30cm entre plantas e 30cm entre fileiras.

2.8. Quantidade de mudas por metro quadrado:
Haverá a necessidade de 9 mudas por metro quadrado.

2.9. Como fazer o plantio das mudas:
Realizar o plantio das mudas de acordo com as informações no anexo.

2.10. Principais tratos culturais:
Os tratos culturais são basicamente a irrigação, retirada manual das ervas daninhas, cobertura morta, escarificações periódicas na fase inicial do desenvolvimento da planta, adubação de manutenção e rotação de cultura.

2.11. Pragas e doenças que podem afetar o chambá:
O chambá é praticamente imune a pragas e doenças, mas ocasionalmente pode surgir o ataque de cochonilha. Pode também haver ataque de lagartas. Veja nos anexos uma coletânea de receitas de uso alternativo para o controle de pragas e doenças de plantas cultivadas.

2.12. Controle:
Usar o controle alternativo de pragas e doenças. No caso das lagartas, fazer uma catação manual. Veja nos anexos uma coletânea de receitas de uso alternativo para o controle de pragas e doenças de plantas cultivadas.

2.13. Colheita:

2.13.1. Parte colhida:
O que se colhe do chambá para fins medicinais é a parte aérea.

2.13.2. Época de colheita:
A colheita pode ser feita o ano inteiro.

2.13.3. Início da colheita:

A colheita pode ser iniciada a partir de quatro meses após o plantio da muda ou mais precisamente no início da floração.

2.13.4. Forma de colheita:

A colheita é feita manualmente com os cortes da parte aérea e deixando a parte enraizada para a planta brotar novamente, pois, dependendo das condições climáticas e dos tratos culturais, o chambá pode proporcionar até três cortes por ciclo.

2.13.5. Horário da colheita:

Colher com tempo bom e nas primeiras horas da manhã, depois que o orvalho tiver evaporado.

2.13.6. Informações complementares:

Fazer uma colheita limpa, evitando a presença de ervas daninhas junto com o material colhido.

3. EXIGÊNCIAS DE CULTIVO DO CHAMBÁ

3.1. Clima:

O chambá é uma planta de clima tropical.

3.2. Solo:

O solo deve ser leve, solto, rico em matéria orgânica e, consequentemente, com boa atividade biológica para produzir chambá sadio e com metabolismo equilibrado.

3.3. Luz:

O chambá pode receber sol o dia todo, bem como sombreamento parcial.

3.4. Irrigação:

Recomenda-se irrigar diariamente. O chambá gosta de água.

4. MÉTODO DE PRODUÇÃO DE MUDA DO CHAMBÁ

4.1. Propagação:
A propagação do chambá é feita por divisão de touceira.

4.2. Como produzir as mudas do chambá:
No preparo das mudas, devem ser utilizados sacos de polietileno com as dimensões aproximadas de 13cm x 21cm, preenchidos com mistura geralmente composta de 2 partes de barro, 2 partes de areia e 1 parte de esterco.

4.3. Procedimento:
1. Escolher a planta-mãe;
2. Molhar a planta-mãe;
3. Arrancar manualmente a planta-mãe preservando ao máximo suas raízes;
4. Podar o excedente das raízes;
5. Separar a planta-mãe em várias touceirinhas com raízes;
6. Plantar cada touceirinha em saco plástico previamente preparado e de tamanho adequado, de forma que as raízes não fiquem "socadas";
7. Regar bem nas primeiras semanas e manter a muda na sombra;
8. Continuar regando com mais moderação;
9. Quando a muda estiver bem desenvolvida, levá-la para o canteiro.

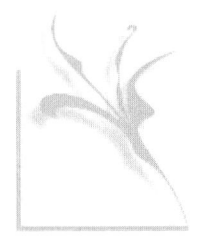

COLÔNIA

1. ASPECTOS BOTÂNICOS DA COLÔNIA

1.1. Nome científico:
Alpinia zerumbet (Pers.) B.L. Burt
Saiba mais: A colônia passou muito tempo com o nome científico de *Alpinia speciosa* Schum.

1.2. Família:
Zingiberaceae

1.3. Sinonímias científicas:
Alpinia speciosa (J.C. Wendl.) K. Schum
Costus zerumbet Pers.
Languas speciosa (J. C. Wendl.) Small
Zerumbet speciosum J. C. Wendl.

1.4. Sinonímias populares:
Jardineira, macassá, falso-cardamono, alpinia, noz-moscada, moscada, cana-do-brejo, cana-do-mato, pacova, gengibre-concha, louro-de-baiano, falso-noz-moscada, vindivá, cardamamo-do-mato, cardamamo-falso.

1.5. Origem:
Planta originária da Ásia Oriental.
Saiba mais: A colônia foi introduzida no Brasil por D. Pedro II.

1.6. Descrição da planta:
A colônia é uma planta herbácea rizomatosa, alta, bem robusta, ligeiramente aromática e sempre agrupada em touceira.
Os rizomas são grossos, nodosos e providos de inúmeras raízes longas e filiformes.
Os caules são aéreos verdes, múltiplos, ovalados, pouco lignificados, eretos e longos.
As folhas são longas, simples, inteiras, grandes, lanceoladas, pontudas, de margens ciliadas, pecíolo muito curto ou séssil, invaginantes,

de coloração verde-brilhante e aromática. Ao longo do seu ciclo, a colônia apresenta aumentos lineares no comprimento, largura e número de folhas.

As flores são vistosas, perfumadas, de cores róseas e brancas, estão dispostas em inflorescência e nascem nas axilas das folhas, em cachos terminais pendentes.

Saiba mais: A colônia é cultivada em todo o Brasil com fins medicinais e ornamentais devido à exuberância de suas folhas e flores. Não confundir com outras espécies do gênero que são cultivadas como plantas ornamentais.

2. ASPECTOS AGRONÔMICOS DA COLÔNIA

2.1. Ciclo da planta:
A colônia é uma planta perene.

2.2. Época de plantio:
Em nossas condições, dispondo de água, pode ser plantada o ano inteiro.

2.3. Forma de plantio:
A colônia é plantada em cova previamente preparada com mudas bem formadas. Os brotos da colônia também podem ser plantados diretamente em covas em substituição das mudas, mas as mudas são a melhor forma, pois são plantadas já enraizadas e não sofrem com o plantio.

2.4. Escolha das mudas:
As mudas devem ser vigorosas, bem formadas e sadias, devendo ter uma boa procedência para a implantação e para serem produzidas no próprio local posteriormente. Veja como produzir as mudas de colônia no método de produção de mudas.

2.5. Espaçamento:
Recomenda-se adotar o espaçamento de 1,50m entre plantas e 1,50m entre fileiras.

2.6. Marcação das covas:
Realizar a marcação das covas de acordo com as informações no anexo.

2.7. Tamanho da cova:
Recomenda-se adotar 40cm x 40cm de boca e 40cm de profundidade.

2.8. Preparação das covas:
Preparar as covas de acordo com as informações no anexo.

2.9. Adubação da cova:
Usar 6 litros de esterco de gado curtido, ou 10 litros de composto.

2.10. Como fazer o plantio das mudas:
Realizar o plantio das mudas de acordo com as informações no anexo.

2.11. Principais tratos culturais:
Os tratos culturais restringem-se basicamente à retirada das ervas daninhas enquanto a colônia não cobrir o solo, à proteção do excesso de insolação, às adubações de manutenção e às irrigações nos períodos secos.

2.12. Adubação de manutenção:
Repetir a aplicação do plantio semestralmente.

2.13. Pragas e doenças que podem afetar a colônia:
A colônia é praticamente imune a pragas e doenças.

2.14. Colheita:

2.14.1. Parte colhida:
O que se colhe da colônia, para fins medicinais, são as folhas.

2.14.2. Época de colheita:
Ela pode ser feita o ano inteiro.

2.14.3. Início da colheita:
A colheita é iniciada seis a oito meses após o plantio da muda.

2.14.4. Forma de colheita:
A colheita é feita manualmente com a retirada das folhas, com o auxílio de uma tesoura de poda.

2.14.5. Horário da colheita:
No início do dia, após a seca do orvalho.

2.14.6. Informações complementares sobre a colheita:
As folhas devem ter no mínimo 40cm de comprimento e 8cm de largura.

3. EXIGÊNCIAS DE CULTIVO DA COLÔNIA

3.1. Clima:
A colônia é uma planta de clima tropical.

3.2. Solo:
Gosta de solos úmidos, impermeáveis e ricos em matéria orgânica.

3.3. Luz:
A colônia é uma planta de meia-sombra, não sendo recomendado cultivá-la em local de pleno sol, ou seja, em local que receba sol o dia todo.

3.4. Irrigação:
Recomenda-se irrigá-la diariamente, pois a colônia gosta de água.

4. MÉTODO DE PRODUÇÃO DE MUDA DA COLÔNIA

4.1. Propagação:
A propagação da colônia é feita por divisão de brotos.

4.2. Como produzir as mudas da colônia:
No preparo das mudas, devem ser utilizados sacos de polietileno com as dimensões aproximadas de 21cm x 31cm, preenchidos com mistura geralmente composta de 2 partes de barro, 2 partes de areia e 1 parte de esterco.

4.3. Procedimento:
1. Escolher uma planta para multiplicação;
2. Molhar a planta escolhida;
3. Desenterrar a planta escolhida preservando ao máximo suas raízes;
4. Com uma faca, dividir a planta escolhida em vários brotos;
5. Plantar estes brotos no saco plástico previamente preparado;
6. Manter as mudas na sombra, regando-as frequentemente;
7. Quando a muda estiver completamente enraizada e bem desenvolvida, levá-la para o local definitivo.

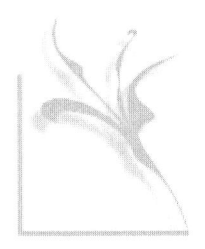

CONFREI

1. ASPECTOS BOTÂNICOS DO CONFREI

1.1. Nome científico:
Symphytum officinale L.
Saiba mais: Há 3 mil anos, os gregos, em sua sabedoria, já usavam o confrei.

1.2. Família:
Boraginaceae

1.3. Sinonímias científicas:
Não constam na literatura consultada.

1.4. Sinonímias populares:
Consólida, língua-de-vaca, herva-cardeal, orelha-de-burro, con-solda, consolda-maior, consílida-maior, orelha-de-vaca, orelha-de--asno, leite-vegetal-da-rússia, confrei-da-rússia, leite vegetal, erva--encanadeira-de-osso, capim-roxo-da-rússia, consolida-do-cáucaso, erva-do-cardeal.

1.5. Origem:
Planta originária da Europa.
Saiba mais: O confrei começou a ser cultivado na década de 80 no Brasil.

1.6. Descrição da planta:
O confrei é uma planta herbácea que se apresenta na forma de uma touceira, com rizoma carnoso e sem caule.
As folhas inferiores são simples, em rosetas, longas, ásperas, com pecíolos longos e nervuras salientes.
As folhas superiores são alternas, pecioladas, mais agudas e menores que as folhas inferiores.
As folhas saem praticamente no nível do solo.

As flores aparecem em um escapo floral, reunidas em ramalhetes mais ou menos folhosos e torcidos, com coloração amarelada, esbranquiçada ou violácea.

Embora haja flores, não há produção de frutos e nem sementes, pois o confrei é uma herbácea hídrica.

2. ASPECTOS AGRONÔMICOS DO CONFREI

2.1. Ciclo da planta:
O confrei é uma planta perene.

2.2. Época de plantio:
Em nossas condições, dispondo de água, pode ser plantada durante o ano inteiro.

2.3. Forma de plantio:
O confrei é cultivado em canteiro previamente preparado.

2.4. Como construir os canteiros:
Veja estas informações no anexo.

2.5. Adubação do canteiro:
Distribuir de forma uniforme 10 litros de esterco de gado, ou 15 litros de composto por metro quadrado. Fazer também uma adubação na cova no momento do plantio da muda, usando meio litro de húmus de minhoca, ou um litro e meio de esterco de gado ou ainda três litros de composto. Deve-se fazer adubação de cobertura após cada corte, utilizando a mesma quantidade do plantio.

2.6. Escolha das mudas:
As mudas devem ser vigorosas, bem formadas e sadias, devendo ter uma boa procedência para a implantação e para serem produzidas no próprio local posteriormente. Veja como produzir as mudas do confrei no método de produção de mudas.

2.7. Espaçamento:
Recomenda-se adotar o espaçamento de 50cm entre plantas e 50cm entre fileiras.

2.8. Quantidade de mudas por metro quadrado:
Haverá a necessidade de 4 mudas por metro quadrado.

2.9. Como fazer o plantio das mudas:
Realizar o plantio das mudas de acordo com as informações no anexo.

2.10. Principais tratos culturais:
Os tratos culturais são basicamente irrigação, retirada manual das ervas daninhas, retirada das folhas secas e adubação de manutenção.

2.11. Pragas que podem afetar o confrei:
As pragas que podem atacar o confrei são as formigas cortadeiras, cochonilha, gafanhotos, vaquinhas e a broca, que é a pior de todas.

2.12. Controle:
Uso alternativo para o controle de pragas. Veja nos anexos uma coletânea de receitas de uso alternativo para o controle de pragas e doenças de plantas cultivadas.

2.13. Doença que pode afetar o confrei:
Apodrecimento do colo do confrei e de suas raízes por um fungo do solo.

2.14. Controle:
Evitar o excesso de umidade; outra forma é a mudança de canteiro.

2.15. Colheita:

2.15.1. Parte colhida:
O que se colhe do confrei, para fins medicinais, são as folhas.

Saiba mais: Em certas situações, as raízes também são colhidas. Esta colheita é feita parcialmente no segundo ano em diante.

2.15.2. Época de colheita:
A colheita pode ser feita o ano inteiro.

2.15.3. Início da colheita:
A colheita pode ser iniciada a partir do quinto mês após o plantio da muda e outras colheitas de três em três meses, pois o confrei proporciona inúmeras colheitas.

2.15.4. Forma de colheita:
A colheita é feita manualmente, e os cortes das folhas são realizados com uma tesoura de poda. As folhas são colocadas em recipientes apropriados sem serem machucadas e nem amontoadas.

2.15.5. Horário da colheita:
Colher em dias de sol, após a evaporação do orvalho e antes da irrigação diária.

2.15.6. Informações complementares:
Colher as folhas com bom aspecto, sem manchas, sem ataque de pragas. Não colher as folhas que estão em contato direto com o solo do canteiro para evitar contaminação. Não se deve colher as folhas novas e sim as bem formadas.

As folhas do confrei possuem uma pubescência que pode provocar irritação na pele, por isso muito cuidado na hora da colheita.

Fazer uma adubação de manutenção após a colheita.

3. EXIGÊNCIAS DE CULTIVO DO CONFREI

3.1. Clima:
O confrei é uma planta de clima temperado, mas, com o tempo, adaptou-se ao nosso clima.

3.2. Solo:

O solo do canteiro deve ser leve, solto, rico em matéria orgânica e bem drenado. O solo do canteiro não pode ser arenoso e podre, pois podem aparecer doenças e pragas; já o excessivamente úmido pode causar apodrecimento das raízes.

3.3. Luz:

O confrei é uma planta de meia-sombra. Esta meia-sombra pode ser obtida com a utilização de sombrite. O confrei não suporta o sol pleno.

3.4. Irrigação:

Recomenda-se irrigar diariamente. As irrigações devem ser feitas com moderação, pois o excesso pode causar apodrecimento das raízes e morte do confrei. Mesmo com este problema o confrei não suporta a falta de irrigação.

4. MÉTODO DE PRODUÇÃO DE MUDA DO CONFREI

4.1. Propagação:

A propagação do confrei é feita por divisão de touceira.

4.2. Como produzir as mudas do confrei:

No preparo das mudas, devem ser utilizados sacos de polietileno com as dimensões aproximadas de 15cm x 28cm, preenchidos com mistura geralmente composta de 2 partes de barro, 2 partes de areia e 1 parte de esterco.

4.3. Procedimento:

1. Escolher a planta-mãe;
2. Molhar a planta-mãe;
3. Arrancar a planta-mãe manualmente, preservando ao máximo suas raízes;
4. Podar as folhas;

5. Lavar o rizoma;
6. Com uma faca afiada, dividir o rizoma em pedaços.
7. Plantar os pedaços de rizomas em saco plástico previamente preparado;
8. Regar bem nas primeiras semanas e manter a muda na sombra;
9. Continuar regando com mais moderação;
10. Quando a muda estiver bem desenvolvida, levá-la para o canteiro.

4.4. Tratamento dos rizomas com a broca para a produção de mudas:
Colocar 10 gramas de sulfato de cobre em 2 litros de água; em um outro recipiente, colocar 10 gramas de cal virgem em 2 litros de água. Depois unir as misturas e deixar os rizomas atacados de molho por duas horas.

COURAMA-BRANCA

1. ASPECTOS BOTÂNICOS DA COURAMA-BRANCA

1.1. Nome científico:
Kalanchoe brasiliensis Cambess.

1.2. Família:
Crassulaceae

1.3. Sinonímias científicas:
Kalanchoe laciniata (L.) DC.

1.4. Sinonímias populares:
Coirama, coirama-branca, folha-da-costa, folha-grossa, orelha-de--monge.

1.5. Origem:
Planta originária da Índia, trazida para o Brasil provavelmente no período colonial.

1.6. Descrição da planta:
A courama-branca é uma planta pantropical, herbácea ou sublenhosa, pouco ramificada, que atinge até um metro de altura, especialmente durante a floração.

As folhas são suculentas, opostas, carnosas, ovais, presas a um caule espesso, verde e pouco ramificado.

Apresenta flores em espigas terminais verdes e arroxeadas.

Saiba mais: Existe também a courama-vermelha (*Kalanchoe pinnata*), de folhas nitidamente crenadas, conhecida também como tapete-de--orixá e folha-da-fortuna, às vezes referida na literatura botânica como *Bryophyllum pinnatum*. Esta courama-vermelha tem as folhas suculentas, opostas, quase lanceoladas, sinuosas, as bordas são bastante crenadas, mas não onduladas, e o caule é avermelhado. As flores são rosadas com centro amarelo, em espigas terminais.

2. ASPECTOS AGRONÔMICOS DA COURAMA-BRANCA

2.1. Ciclo da planta:
A courama-branca é uma planta perene.
Atenção: Mesmo sendo perene, é recomendável que a courama-branca não passe mais que um ano no canteiro, pois, após este tempo, ela começa a sair pelas bordas do canteiro e a quebrar-se com o seu próprio peso.

2.2. Época de plantio:
Em nossas condições, dispondo de água, pode ser plantada durante o ano inteiro.

2.3. Forma de plantio:
A courama-branca é cultivada em canteiro previamente preparado.

2.4. Como construir os canteiros:
Veja estas informações no anexo.

2.5. Adubação dos canteiros:
Distribuir de forma uniforme 20 litros de esterco de gado curtido, ou 30 litros de composto por metro quadrado.

2.6. Escolha das mudas:
As mudas devem ser vigorosas, bem formadas, autênticas e sadias, devendo ter uma boa procedência para a implantação e para serem produzidas no próprio local posteriormente. Veja como produzir as mudas da courama-branca no método de produção de mudas.

2.7. Espaçamento:
Recomenda-se adotar o espaçamento de 50cm entre plantas e 50cm entre fileiras.

2.8. Quantidade de mudas por metro quadrado:
Haverá a necessidade de 4 mudas por metro quadrado.

2.9. Como fazer o plantio das mudas:
Realizar o plantio das mudas de acordo com as informações no anexo.

2.10. Principais tratos culturais:
Os tratos culturais são basicamente irrigação nos períodos secos, retirada manual das ervas daninhas, cobertura morta e rotação de cultura.

2.11. Pragas e doenças:
A courama-branca é praticamente imune a pragas e doenças.

2.12. Colheita:

2.12.1. Parte colhida:
O que se colhe da courama-branca, para fins medicinais, são as folhas.

2.12.2. Época de colheita:
A colheita pode ser feita em qualquer época do ano.

2.12.3. Início da colheita:
A colheita é iniciada a partir de quatro meses após o plantio da muda.

2.12.4. Forma de colheita:
A colheita é feita manualmente com a retirada das folhas, com o auxílio de uma tesoura de poda.

2.12.5. Horário da colheita:
No início do dia, após a seca do orvalho.

3. EXIGÊNCIAS DE CULTIVO DA COURAMA-BRANCA

3.1. Clima:
A courama-branca é uma planta de clima tropical.

3.2. Solo:

O solo do canteiro deve ser leve, solto e rico em matéria orgânica.

3.3. Luz:

A courama-branca pode receber sol o dia todo, pois é uma planta de luz plena.

3.4. Irrigação:

Recomenda-se irrigar diariamente.

4. MÉTODO DE PRODUÇÃO DE MUDA DA COURAMA-BRANCA

4.1. Propagação:

A propagação da courama-branca é feita por estaquia.

4.2. Como produzir as mudas da courama-branca:

No preparo das mudas, devem ser utilizados sacos de polietileno com as dimensões aproximadas de 13cm x 21cm, preenchidos com mistura geralmente composta de 2 partes de barro, 2 partes de areia e 1 parte de esterco.

4.3. Procedimentos:

1. Escolher uma planta para multiplicação;
2. Retirar com uma tesoura de poda uma estaca de 20cm de comprimento. A estaca, de preferência, deve ser do ápice dos ramos;
3. Retirar as folhas da base da estaca, mas muito cuidado para não ferir a casca. Deixar as folhas terminais;
4. Plantar a estaca no saco plástico previamente preparado, enterrando 1/3 dele;
5. Manter as mudas na sombra, regando-as frequentemente;
6. Regar bem nas primeiras semanas;
7. Reduzir gradativamente o sombreamento e as regas;
8. Quando a muda estiver bem desenvolvida, levá-la para o local definitivo.

ERVA-CIDREIRA-CARMELITANA

1. ASPECTOS BOTÂNICOS DA ERVA-CIDREIRA-CARMELITANA

1.1. Nome científico:
Lippia alba (Mill.) N.E. Brown.
Saiba mais: O nome do gênero *Lippia* é uma homenagem ao médico e botânico francês August Lippi.
Na maioria dos livros sobre plantas medicinais, quando há referência sobre a erva-cidreira, é a *Melissa officinalis* de origem europeia, sendo que esta é a verdadeira erva-cidreira.

1.2. Quimiotipo:
Citral-Limoneno

1.3. Família:
Verbenaceae

1.4. Sinonímias científicas:
Não constam na literatura consultada.

1.5. Sinonímias populares:
Cidreira-carmelitana, falsa-melissa, cidreira.

1.6. Origem:
Planta originária do Brasil.

1.7. Descrição da planta:
A erva-cidreira-carmelitana é um subarbusto aromático que nasce em moitas, medindo aproximadamente um metro de altura.
Os ramos são finos, esbranquiçados, arqueados e quebradiços.
As folhas são opostas, inteiras, macias, elípticas, estreitas e pequenas, com bordos serpeados e ápice agudo, e forte odor de limão.
Suas flores são reunidas em pequenas inflorescências, compostas por um disco central de flores ainda não desenvolvidas, rodeado por apenas três a cinco flores liguladas, cujas sementes são pouco visíveis por causa de seu diminuto tamanho.

Saiba mais: Não confundir a erva-cidreira descrita acima com a outra erva-cidreira. O nome científico é o mesmo, mas é outro quimiotipo. Ela é conhecida como cidreira-comum ou cidreira-de-cheiro-doce. Esta erva-cidreira tem as folhas estreitas, serradas e com um ápice. Possui odor forte, adocicado e um pouco alimonado. Ela não tem propriedade calmante, por não possuir citral, e sim limoneno e carvona.

2. ASPECTOS AGRONÔMICOS DA ERVA-CIDREIRA-CARMELITANA

2.1. Ciclo da planta:
A erva-cidreira-carmelitana é uma planta perene.

2.2. Época de plantio:
Em nossas condições, dispondo de água, pode ser plantada o ano inteiro.

2.3. Forma de plantio:
A erva-cidreira-carmelitana é plantada em cova previamente preparada, ou em canteiro também previamente preparado. O plantio em canteiro deve ser realizado para uma programação de sucessivas colheitas, pois, caso contrário, haverá um grande adensamento, podendo favorecer o aparecimento de pragas e doenças.

2.4. Escolha das mudas:
As mudas devem ser vigorosas, bem formadas e sadias, devendo ter uma boa procedência para a implantação e para serem produzidas no próprio local posteriormente. Veja como produzir as mudas da erva-cidreira-carmelitana no método de produção de mudas.

2.5. Espaçamento no plantio em covas:
Recomenda-se adotar o espaçamento de 1,00m entre plantas e 1,50m entre fileiras.

2.6. Espaçamento no plantio em canteiro:

Recomenda-se adotar o espaçamento de 0,70m entre plantas e 0,50m entre fileiras.

2.7. Marcação das covas:

Realizar a marcação das covas de acordo com as informações no anexo.

2.8. Tamanho da cova:

Recomenda-se adotar 40cm x 40cm de boca e 40cm de profundidade.

2.9. Preparação das covas:

Preparar as covas de acordo com as informações no anexo.

2.10. Como construir os canteiros:

Veja estas informações no anexo.

2.11. Quantidade de mudas por metro quadrado em canteiros:

Haverá a necessidade de 4 mudas por metro quadrado.

2.12. Adubação da cova:

Usar 5 litros de esterco de gado curtido, ou 10 litros de composto, repetindo-se esta adubação após cada corte. Esta adubação deve ser realizada em faixas circulares, na projeção da copa, tendo-se o cuidado de fazer uma leve incorporação para não ser lavada.

2.13. Adubação do canteiro:

Distribuir de forma uniforme 15 litros de esterco de gado curtido, ou 20 litros de composto por metro quadrado, repetindo-se esta adubação após cada corte.

2.14. Como fazer o plantio das mudas em covas ou em canteiro:

Realizar o plantio das mudas de acordo com as informações no anexo.

2.15. Principais tratos culturais da erva-cidreira-carmelitana em cova:

Os tratos culturais são basicamente capinas das ervas daninhas, irrigação na estação seca, combate às pragas caso apareçam e adubação de manutenção.

2.16. Principais tratos culturais da erva-cidreira-carmelitana em canteiro:

Os tratos culturais restringem-se à retirada das ervas daninhas enquanto a erva-cidreira cobre o solo do canteiro, às irrigações nos períodos secos, ao combate às pragas caso apareçam e à adubação de manutenção.

2.17. Pragas e doenças que podem afetar a erva-cidreira-carmelitana:

A erva-cidreira pode ser atacada por cochonilhas, lagartas e minadores de folhas.

2.18. Controle:

Fazer o uso de alternativas para o controle de praga. Veja nos anexos uma coletânea de receitas de uso alternativo para o controle de pragas e doenças de plantas cultivadas.

2.19. Colheita:

2.19.1. Parte colhida:

O que se colhe da erva-cidreira-carmelitana, para fins medicinais, são as folhas.

2.19.2. Época de colheita:

A colheita pode ser feita em qualquer época do ano.

2.19.3. Início da colheita da erva-cidreira-carmelitana cultivada em canteiro:

Ela pode ser iniciada quatro meses após o plantio da muda.

2.19.4. Início da colheita da erva-cidreira cultivada em cova:
Ela pode ser iniciada seis meses após o plantio da muda.

2.19.5. Forma de colheita:
A primeira e a segunda colheita devem ser realizadas com a retirada apenas das folhas, puxando-as no sentido de baixo para cima dos seus ramos.

2.19.6. Horário da colheita:
Colher com tempo bom e nas primeiras horas da manhã, depois que o orvalho tiver evaporado.

2.19.7. Informações complementares sobre a colheita:
A segunda colheita é semelhante à primeira, ou seja, ela deve ser realizada com a retiradas apenas das folhas. Na terceira colheita, quando as plantas estão com oito a dez meses, faz-se o corte dos ramos a uma altura de 30cm do solo. A quarta colheita deve ser após quatro meses da terceira, com a mesma forma da primeira colheita e subsequentemente como as demais.

3. EXIGÊNCIAS DE CULTIVO DA ERVA-CIDREIRA-CARMELITANA

3.1. Clima:
A erva-cidreira-carmelitana é uma planta tropical.

3.2. Solo:
A erva-cidreira-carmelitana adapta-se a quase todo tipo de solo.

3.3. Luz:
Pode receber sol o dia todo, pois é uma planta de luz plena.

3.4. Irrigação nas covas:
Recomenda-se irrigar diariamente a parte interna da bacia até o pegamento da muda. Irrigar as mudas pegadas na projeção da copa

e ir distanciando-se do tronco à medida que o sistema radicular vai se desenvolvendo. Esta irrigação deve ser no mínimo quatro vezes por semana na estação seca.

3.5. Irrigação nos canteiros:
Recomenda-se irrigar diariamente.

4. MÉTODO DE PRODUÇÃO DE MUDA DA ERVA-CIDREIRA-CARMELITANA

4.1. Propagação:
A propagação da erva-cidreira-carmelitana é feita por estaquia.

4.2. Como produzir as mudas da erva-cidreira-carmelitana:
No preparo das mudas, devem ser utilizados sacos de polietileno com as dimensões aproximadas de 13cm x 21cm, preenchidos com mistura geralmente composta de 2 partes de barro, 2 partes de areia e 1 parte de esterco.

4.3. Procedimento:
1. Retirar com uma tesoura de poda estaca lenhosa necessária para multiplicação;
2. Esta estaca deverá ter 20cm de comprimento, com três a quatro gemas, sendo que as melhores estacas são as expostas ao sol e aproveitando a parte mediana;
3. Retirar as folhas da estaca;
4. O corte da base da estaca deve ser feito em bisel;
5. Plantar a estaca em saco plástico previamente preparado, enterrando 1/3 desta;
6. Manter o saco da muda úmido, porém não encharcado, para facilitar o enraizamento;
7. Procurar não deixar a estaca folgada no saco; para isso, apertar bem com as mãos a terra em volta da estaca plantada;

8. Manter a muda na sombra, regando-a frequentemente;
9. Reduzir gradativamente o sombreamento e as regas para preparar o muda para o local definitivo;
10. Quando a muda estiver completamente enraizada e bem desenvolvida, levá-la para o local definitivo.

FOLHA-DA-FORTUNA

1. ASPECTOS BOTÂNICOS DA FOLHA-DA-FORTUNA

1.1. Nome científico:
Bryophyllum pinnatum (Lam.) Oken
Saiba mais: Às vezes é referida na literatura como *Kalanchoe pinnata*, seu nome antigo.

1.2. Família:
Crassulaceae

1.3. Sinonímias científicas:
Kalanchoe pinnata (Lam.) Pers.
Cotyledon pinnata Lam.
Bryophyllum pinnatum (Lam.) Kurz
Bryophyllum calycinum Salisb.
Bryophyllum peoliferum Bowie
Crassuvia floripenula Comm.
Sedum madagascariense Clus.

1.4. Sinonímias populares:
Courama-vermelha, saião, coirama-vermelha, folha-da-costa, fortuna, folha-de-pirarucu, pirarucu, diabinho, roda-da-fortuna, folha-grossa.

1.5. Origem:
Planta originária da África.

1.6. Descrição da planta:
A folha-da-fortuna é uma planta medicinal herbácea ou sublenhosa, pouco ramificada, que atinge até um metro de altura, especialmente durante a floração.
As folhas são opostas, simples, carnosas, pecioladas, de bordos crenados, sendo as basilares inteiras e as superiores pinadas. As folhas brotam com muita facilidade quando caem na terra; se enterrar parte da folha, ela nasce.

As inflorescências são terminais, contendo flores vistosas pelo colorido amarelo e laranja.

Os frutos são constituídos de pequenas cápsulas contendo sementes.

Saiba mais: A folha-da-fortuna é uma espécie cultivada com fins medicinais em quintais e jardins.

2. ASPECTOS AGRONÔMICOS DA FOLHA-DA-FORTUNA

2.1. Ciclo da planta:
A folha-da-fortuna é uma planta perene.

Atenção: Mesmo sendo perene, é recomendável que a folha-da-fortuna não passe mais que um ano no canteiro.

2.2. Época de plantio:
Em nossas condições, dispondo de água, pode ser plantada durante o ano inteiro.

2.3. Forma de plantio:
A folha-da-fortuna é cultivada em canteiro previamente preparado.

2.4. Como construir os canteiros:
Veja estas informações no anexo.

2.5. Adubação dos canteiros:
Distribuir de forma uniforme 20 litros de esterco de gado curtido, ou 30 litros de composto por metro quadrado.

2.6. Escolha das mudas:
As mudas devem ser vigorosas, bem formadas, autênticas e sadias, devendo ter uma boa procedência para a implantação e para serem produzidas no próprio local posteriormente. Veja como produzir as mudas da folha-da-fortuna no método de produção de mudas.

2.7. Espaçamento:
Recomenda-se adotar o espaçamento de 50cm entre plantas e 50cm entre fileiras.

2.8. Quantidade de mudas por metro quadrado:
Haverá a necessidade de 4 mudas por metro quadrado.

2.9. Como fazer o plantio das mudas:
Realizar o plantio das mudas de acordo com as informações no anexo.

2.10. Principais tratos culturais:
Os tratos culturais são basicamente a irrigação nos períodos secos, retirada manual das ervas daninhas, cobertura morta e rotação de cultura.

2.11. Pragas e doenças:
A folha-da-fortuna é praticamente imune a pragas e doenças.

2.12. Colheita:

2.12.1. Parte colhida:
O que se colhe da folha-da-fortuna, para fins medicinais, são as folhas.

2.12.2. Época de colheita:
A colheita pode ser feita em qualquer época do ano.

2.12.3. Início da colheita:
A colheita é iniciada a partir de quatro meses após o plantio da muda.

2.12.4. Forma de colheita:
A colheita é feita manualmente com a retirada das folhas, com o auxílio de uma tesoura de poda.

2.12.5. Horário da colheita:
No início do dia, após a seca do orvalho.

3. EXIGÊNCIAS DE CULTIVO DA FOLHA-DA-FORTUNA

3.1. Clima:
A folha-da-fortuna é uma planta de clima tropical.

3.2. Solo:
O solo do canteiro deve ser leve, solto e rico em matéria orgânica.

3.3. Luz:
A folha-da-fortuna pode receber sol o dia todo, pois é uma planta de luz plena, mas também pode ser cultivada em meia-sombra.

3.4. Irrigação:
Recomenda-se irrigar diariamente.

4. MÉTODO DE PRODUÇÃO DE MUDA DA FOLHA-DA-FORTUNA

4.1. Propagação:
A propagação da folha-da-fortuna é feita por estaquia e pela própria folha.

4.2. Como produzir as mudas da folha-da-fortuna:
No preparo das mudas, devem ser utilizados sacos de polietileno com as dimensões aproximadas de 13cm x 21cm, preenchidos com mistura geralmente composta de 2 partes de barro, 2 partes de areia e 1 parte de esterco.

4.3. Procedimentos:
1. Escolher uma planta para multiplicação;
2. Retirar com uma tesoura de poda uma estaca de 20cm de comprimento;
3. Retirar as folhas da base da estaca, mas muito cuidado para não ferir a casca. Deixar as folhas terminais;
4. Plantar a estaca no saco plástico previamente preparado, enterrando 1/3 desta;

5. Manter as mudas na sombra, regando-as frequentemente;
6. Regar bem nas primeiras semanas;
7. Reduzir gradativamente o sombreamento e as regas;
8. Quando a muda estiver bem desenvolvida, levá-la para o local definitivo.

Saiba mais: A folha-da-fortuna também pode se multiplicar por meio das folhas, por meio de gemas adventícias que se formam em pontos determinados dos bordos das folhas e produzem novas plantinhas, que podem ser plantadas em saco plástico, transformando-se em mudas.

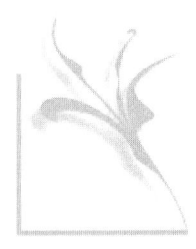

GENGIBRE

1. ASPECTOS BOTÂNICOS DO GENGIBRE

1.1. Nome científico:
Zingiber officinale Roscoe.

1.2. Família:
Zingiberaceae

1.3. Sinonímias científicas:
Amomum zingiber L.
Curcuma longifólia Wall.
Zingiber aromaticum Noronha
Zingiber majus Rumphius
Zingiber missionis Wall
Zingiber sichuanense Z.Y.Zhu et al.
Zingiber zingiber H. Karst.

1.4. Sinonímias populares:
Gengivre, mangarataia, gingibre, mangaratiá, gingibre.

1.5. Origem:
A planta é originária do Oriente, Ásia Tropical e do Arquipélago Malaio.

1.6. Descrição da planta:
O gengibre é uma planta herbácea, que pode atingir 1,50m de altura, de caule articulado, reptante, anguloso e muito ramoso, rizoma horizontal, comprido lateralmente, com ramificações situadas num mesmo plano, digitiformes (mão de gengibre), no vértice das quais se encontram cicatrizes do caule foliáceo, revestido de epiderme rugosa e de cor pardacenta; de 14 a 16cm de comprimento por 4 a 20mm de espessura. Folhas ordenadas em duas séries (dísticas), com bainha amplexicaule, com presença de uma lígula bífida. As folhas são simples, invaginantes, de 15 a 30cm, de cor verde-escura, lisas na face superior e um tanto ásperas na inferior.

140

As flores são estéreis de cor branco-amarelada, protegidas por escamas membranosas e juntam-se em espigas ovais.

O fruto é uma cápsula com sementes.

O rizoma, também chamado de raiz, é rasteiro, carnoso, espesso, nodoso, ramificado, de cheiro e sabor picante, agradável.

Saiba mais: O gengibre é conhecido na Europa desde a época das grandes navegações, quando foi trazido das Índias juntamente com outras especiarias. No Brasil, o gengibre chegou após menos de um século do descobrimento; naturalistas que visitavam o país acreditavam que se tratava de uma planta nativa, pois era comum encontrá-la em estado silvestre.

A introdução do gengibre no Brasil é atribuída por muitos autores às invasões holandesas que ocorreram por volta de 1625 no Estado de Pernambuco.

2. ASPECTOS AGRONÔMICOS DO GENGIBRE

2.1. Ciclo da planta:
O gengibre é uma planta anual.

2.2. Época de plantio:
Em nossas condições, dispondo de água, pode ser plantada durante o ano inteiro.

2.3. Forma de plantio:
O gengibre é cultivado em canteiro previamente preparado.

2.4. Como construir os canteiros:
Veja estas informações no anexo.

2.5. Adubação dos canteiros:
Distribuir de forma uniforme 20 litros de esterco de gado ou 30 litros de composto por metro quadrado.

2.6. Escolha das mudas para o plantio em canteiros:

As mudas devem ser vigorosas, bem formadas e sadias, devendo ter uma boa procedência para a implantação e para serem produzidas no próprio local posteriormente. Veja como produzir as mudas do gengibre no método de produção de mudas.

2.7. Espaçamento nos canteiros:

Recomenda-se adotar o espaçamento de 50cm entre plantas e 50cm entre fileiras.

2.8. Quantidade de mudas por metro quadrado em canteiros:

Haverá a necessidade de 4 mudas por metro quadrado adotando o espaçamento indicado.

2.9. Como fazer o plantio das mudas em canteiros:

Realizar o plantio das mudas de acordo com as informações no anexo.

2.10. Principais tratos culturais nos canteiros:

Os tratos culturais são basicamente irrigação, retirada manual das ervas daninhas, manter um controle sistemático sobre a tiririca; caso ocorra uma leve cobertura morta, fazer adubação de manutenção a cada dois meses, utilizando a mesma adubação do plantio e rotação de cultura.

2.11. Pragas que podem afetar o gengibre:

Como o gengibre é cultivado em local muito úmido, os rizomas podem apodrecer, o que pode ser evitado com uma drenagem. Ele pode ser atacado pela lagarta-rosca.

2.12. Doenças que podem afetar o gengibre:

Entre as doenças causadas por fungos e bactérias, a mais problemática é a fusariose. Outro problema são os nematoides.

2.13. Controle:

Fazer o uso de alternativas para o controle de praga. Veja nos anexos uma coletânea de receitas de uso alternativo para o controle de pragas e doenças de plantas cultivadas. O controle do nematoide é usar "plantas armadilhas".

2.14. Colheita:

2.14.1. Parte colhida:

O que se colhe do gengibre, para fins medicinais, são os rizomas.

2.14.2. Época de colheita:

A colheita pode ser feita em qualquer época do ano.

2.14.3. Início da colheita:

A colheita deve ser feita assim que as hastes amarelecerem, de sete a dez meses após o plantio.

2.14.4. Forma de colheita:

A colheita é feita com a retirada manual dos rizomas do canteiro, com o auxílio de um instrumento apropriado. A retirada deve ser feita com muito cuidado para não danificar os rizomas. Após os rizomas serem desenterrados, são lavados em água corrente.

2.14.5. Horário da colheita:

Colher na parte da manhã, assim que o sol nascer.

2.14.6. Informações complementares sobre a colheita:

O gengibre é uma planta de colheita única.

3. EXIGÊNCIAS DE CULTIVO DO GENGIBRE

3.1. Clima:

O gengibre exige clima tipicamente tropical, quente e úmido, com períodos bem definidos de calor e umidade.

3.2. Solo:
O solo deve ser arenoso, leve, solto, rico em matéria orgânica e bem drenado.

3.3. Luz:
O gengibre pode receber sol o dia todo, pois é uma planta de luz plena.

3.4. Irrigação:
Recomenda-se irrigar diariamente.

4. MÉTODO DE PRODUÇÃO DE MUDA DO GENGIBRE

4.1. Propagação:
A propagação do gengibre é feita por divisão de rizomas.

4.2. Como produzir as mudas de gengibre:
No preparo das mudas, devem ser utilizados sacos de polietileno com as dimensões aproximadas de 13cm x 21cm, preenchidos com mistura geralmente composta de 2 partes de barro, 2 partes de areia e 1 parte de esterco.

4.3. Procedimentos:
1. Escolher planta que tenha completado o seu ciclo;
2. Arrancar a planta-mãe, preservando ao máximo os rizomas, sem danificá-los;
3. Podar a parte aérea;
4. Lavar os rizomas agrupados;
5. Separar os rizomas agrupados para transformar em rizomas--sementes com 5 a 10cm de comprimento;
6. Plantar estes rizomas-sementes em um canteiro-sementeira para induzir a brotação destes rizomas-sementes, antes de levar para o saco plástico da muda;

7. Estes rizomas-sementes devem ser cobertos com uma cobertura morta e irrigados com moderação para não causar o apodrecimento dos rizomas-sementes;
8. Replantar os rizomas-sementes brotados em saco plástico previamente preparado;
9. Manter a muda na sombra, regando-a frequentemente;
10. Quando a muda estiver bem desenvolvida, levá-la para o canteiro.

INFORMAÇÕES COMPLEMENTARES PARA O CULTIVO DO GENGIBRE EM ESCALA COMERCIAL

O plantio do gengibre deve ser iniciado na estação chuvosa e feito em sulcos; sua profundidade deve ser de 10 a 15cm, dependendo do tamanho dos rizomas-sementes. Ele é feito a partir dos rizomas que apresentam brotação, plantados inicialmente em canteiro-sementeira e, depois de um a dois meses, transplantados para o local definitivo. Recomenda-se adotar o espaçamento de 40 a 50cm entre plantas e 120 a 140cm entre fileiras. No cultivo orgânico, recomenda-se a utilização de 15t de composto/ha, sendo que a adubação deve ser parcelada da seguinte maneira: 5t/ha no plantio, 5t/ha na primeira cobertura, antes da primeira amontoa (90 dias) e 5t/ha na segunda cobertura, antes da terceira amontoa (150 dias). No plantio, o composto deve ser espalhado no fundo do sulco, sendo necessários 600g por metro de sulco, quando o espaçamento entre linhas for de 1,20m e 700g por metro de sulco, no espaçamento de 1,40m. Os tratos culturais são basicamente as capinas e a colheita é feita de oito a dez meses depois do plantio, quando a parte aérea começar a amarelar e secar. O solo é revolvido para expor os rizomas, que são colhidos manualmente. O material colhido deve ser lavado e deixado para secar ao sol. A produtividade é em torno de 10 a 12 t/ha.

GOIABEIRA-VERMELHA

1. ASPECTOS BOTÂNICOS DA GOIABEIRA-VERMELHA

1.1. Nome científico:
Psidium guajava L.

1.2. Variedade:
Pomifera

1.3. Família:
Myrtaceae

1.4. Sinonímia científica:
Psidium pyriferum L.

1.5. Sinonímias populares:
Goiabeira, araçá-das-almas, araçá-goiaba, araçá-guaçú, araçá-guaiaba, araçú-guaçú, araçu-uaçú, goiaba-comum, goiaba-maçã, goiaba-pera, goiaba-vermelha, guaiava, guaíba, guava.

1.6. Origem:
Planta originária da América Central e do Sul.

1.7. Descrição da planta:
A goiabeira-vermelha é um arbusto com tronco tortuoso e ramificado, ramos apicais tetragonais, copa densa e alargada, casca lisa, marrom escura nos ramos antigos e verde-amarelado nos ramos novos.
As folhas são opostas, simples, oblongoelepticas a ovaladas e cariáceas, tendo nervuras muito salientes na face inferior e impressas na face superior.
As flores são axilares e de cor branca.
O fruto é do tipo baga, periforme ou arredondado, amarelo quando maduro, com polpa vermelha e contendo muitas sementes.

2. ASPECTOS AGRONÔMICOS DA GOIABEIRA-VERMELHA

2.1. Ciclo da planta:
A goiabeira-vermelha é uma planta perene.

2.2. Época de plantio:
Em nossas condições, dispondo de água, pode ser plantada o ano inteiro.

2.3. Forma de plantio:
A goiabeira-vermelha é plantada em cova previamente preparada.

2.4. Escolha das mudas:
As mudas devem ser vigorosas, bem formadas e sadias, devendo ter uma boa procedência para a implantação e para serem produzidas no próprio local posteriormente. Veja como produzir as mudas da goiabeira-vermelha no método de produção de mudas.

Saiba mais: O plantio de mudas da goiabeira-vermelha para a produção de frutos de forma comercial deve ser por enxertia.

2.5. Espaçamento:
Recomenda-se adotar o espaçamento de 5,0m entre plantas e 5,0m entre fileiras.

2.6. Marcação das covas:
Realizar a marcação das covas de acordo com as informações no anexo.

2.7. Tamanho da cova:
Recomenda-se adotar 40cm x 40cm de boca e 40cm de profundidade.

2.8. Preparação das covas:
Preparar as covas de acordo com as informações no anexo.

2.9. Adubação da cova:

Usar 20 litros de esterco de gado curtido, ou 30 litros de composto.

2.10. Como fazer o plantio das mudas:

Realizar o plantio das mudas de acordo com as informações no anexo.

2.11. Principais tratos culturais:

Irrigar na fase inicial, capinar as ervas daninhas e fazer adubação de manutenção anualmente com a mesmo quantidade de adubo orgânico da fundação na projeção da copa e acompanhado de uma irrigação.

2.12. Pragas que podem afetar a goiabeira-vermelha:

O besouro-da-goiabeira deixa as folhas totalmente rendilhadas, ele tem hábito noturno e ninguém sente sua presença, só o seu estrago. A broca das mirtáceas, também conhecida como " broca de goiabeira", é uma lagarta da mariposa que destrói ramos e tronco; com o seu ataque, nota-se, no tronco e nos ramos, aglomerações de excrementos e pedaços ligados entre si por fios de seda.
Psilídeos são insetos sugadores de seiva.
O percevejo da verruga ataca desde os botões florais até os frutos desenvolvidos. As moscas das frutas, por intermédio das fêmeas, perfuram os frutos e efetuam a postura dos ovos; larvas novas passam a viver no interior dos frutos, tornando-os imprestáveis.

2.13. Doenças que podem afetar a goiabeira-vermelha:

A ferrugem da goiabeira ataca a parte aérea.
A antracnose ataca as folhas e os ramos novos.
A seca bacteriana pode ocorrer nas extremidades dos ramos, provocando o murchamento repentino dos brotos.
A ferrugem provoca a deformação no fruto.

2.14. Controle:

Fazer o uso de alternativas para o controle de pragas. Veja nos anexos uma coletânea de receitas de uso alternativo para o controle de pragas e doenças de plantas cultivadas.

2.15. Colheita:

2.15.1. Parte colhida:

O que se colhe da goiabeira-vermelha, para fins medicinais, são os brotos.

Saiba mais: O broto é formado pelo conjunto de folhas novas.

2.15.2. Época de colheita:

A colheita pode ser feita em qualquer época do ano.

2.15.3. Início da colheita:

Ela pode ser iniciada no terceiro ano após o plantio da muda.

2.15.4. Forma de colheita:

A colheita é feita manualmente, com a retirada dos brotos.

2.15.5. Informações complementares sobre a colheita:

Na falta da goiabeira-vermelha, ela pode ser substituída pela goiabeira-branca, porém duplicando-se os brotos na receita caseira.

3. EXIGÊNCIAS DE CULTIVO DA GOIABEIRA-VERMELHA

3.1. Clima:

A goiabeira-vermelha é uma planta de clima tropical.

3.2. Solo:

A goiabeira-vermelha adapta-se aos mais variados tipos de solo.

3.3. Luz:

Pode receber sol o dia todo, pois é uma planta de luz plena.

3.4. Irrigação:
Não existe tradição em irrigar a goiabeira-vermelha para uso medicinal dos brotos.

4. MÉTODO DE PRODUÇÃO DE MUDA DA GOIABEIRA-VERMELHA

4.1. Propagação:
A propagação da goiabeira-vermelha é feita por sementes.

Saiba mais: A produção de mudas por sementes é aconselhável somente para os porta-enxertos e para uso medicinal utilizando os brotos, pois, atualmente, em plantio comercial dos frutos, não se plantam mudas oriundas de sementes.

4.2. Como produzir as mudas da goiabeira-vermelha:
No preparo das mudas, devem ser utilizados sacos de polietileno com as dimensões aproximadas de 13cm x 21cm, preenchidos com mistura geralmente composta de 2 partes de barro, 2 partes de areia e 1 parte de esterco.

4.3. Procedimento de produção de mudas utilizando a sementeira:
1. Coletar sementes de fruto maduro, de bom tamanho e isento de ataque de praga e doença;
2. Lavar as sementes em água corrente; em seguida, colocá-las para secar à sombra;
3. Selecionar as melhores sementes;
4. Semear as sementes em sementeiras;
5. Manter a sementeira na sombra, regando-a frequentemente;
6. Após a germinação das sementes, desbastar as mudinhas frágeis;
7. Transplantar as melhores e mais bem formadas para um saco plástico previamente preparado;
8. Manter as mudas na sombra, regando-as frequentemente;
9. Quando a muda estiver bem desenvolvida, levá-la para o local definitivo.

4.4. Procedimento de produção de mudas diretamente no saco plástico:

1. Semear 3 a 4 sementes diretamente no saco plástico previamente preparado;
2. Manter o saco plástico com as sementes na sombra, regando-as frequentemente;
3. Após a germinação e algum desenvolvimento das mudas, desbastar as mudinhas frágeis e deixar a melhor;
4. Continuar mantendo as mudas à sombra, regando-as frequentemente;
5. Quando a muda estiver bem desenvolvida, levá-la para o local definitivo.

Saiba mais: Evitar mudas cujas raízes já tenham rompido o saco.

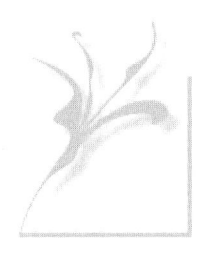

GRAVIOLA

1. ASPECTOS BOTÂNICOS DA GRAVIOLA

1.1. Nome científico:
Annona muricata L.

1.2. Família:
Annonaceae

1.3. Sinonímias científicas:
Annona bonplandiana Kunth
Annona cearensis Barb.Rodr.
Annona macrocarpa Wercklé
Annona bonplandiana Kunth
Annona muricata var. *borinquensis* Morales
Guanabanus muricatus M.Gomez

1.4. Sinonímias populares:
Araticum, araticum-de-comer, araticum-do-grande, araticum-manso, areticum, coração-de-rainha, corossol, graviola-do-norte, guanaba, guanababo, jaca-de-pobre, jaca-do-pará, jaqueira-mole.

1.5. Origem:
Planta originária da América tropical, principalmente Antilhas e América Central.

1.6. Descrição da planta:
A graviola é uma árvore com hábito de crescimento ereto, pode alcançar 4 a 8m de altura quando adulta; possui abundante sistema radicular e é dotada de copa piramidal.
As folhas são obovado-oblongas, brilhantes e medem de 8 a 15cm de comprimento.
As flores são solitárias, perfeitas, hermafroditas, com cálice de sépalas triangulares e pétalas externas grossas de cor amarelada.
Os frutos são do tipo baga, possuem superfície ouriçada, de 25 a 35cm de comprimento, com polpa mucilaginosa e levemente ácida.

As sementes são pretas na sua retirada do fruto, passando a marrons dias após. Um fruto tem em média 100 sementes com 1 a 2cm de comprimento e peso de 0,59g.

2. ASPECTOS AGRONÔMICOS DA GRAVIOLA

2.1. Ciclo da planta:
A graviola é uma planta perene.

2.2. Época de plantio:
O plantio deve ser efetuado no início da estação chuvosa.

2.3. Forma de plantio:
A graviola é plantada em cova previamente preparada.

2.4. Escolha das mudas:
As mudas devem ser vigorosas, precoces, bem formadas e sadias. Veja como produzir as mudas da graviola no método de produção de mudas.

2.5. Espaçamento:
Recomenda-se adotar o espaçamento de 5,0m entre plantas e 5,0m entre fileiras.

2.6. Marcação das covas:
Realizar a marcação das covas de acordo com as informações no anexo.

2.7. Tamanho da cova:
Recomenda-se adotar 50cm x 50cm de boca e 50cm de profundidade.

2.8. Preparação das covas:
Preparar as covas de acordo com as informações no anexo.

2.9. Adubação da cova:
Usar 20 litros de esterco de gado curtido, ou 30 litros de composto.

2.10. Como fazer o plantio das mudas:
Realizar o plantio das mudas de acordo com as informações no anexo.

2.11. Principais tratos culturais:
Os tratos culturais restringem-se às capinas em coroamento na projeção da copa, às irrigações na face inicial e na estação seca, à adubação de manutenção e poda de ramos malformados, secos, doentes ou praguejados.

2.12. Poda de formação:
Cortar broto terminal a 60cm do solo e selecionar 3 ou 4 brotos bem distribuídos nos últimos 20cm de altura do caule para formação da copa (não permitir altura acima de 2,2m) e controle de pragas e doenças.

2.13. Adubação de manutenção:
Recomenda-se repetir anualmente no mínimo a mesma aplicação de adubo orgânico da fundação na projeção da copa, acompanhado de uma irrigação.

2.14. Praga e doença que ataca a graviola:
Broca dos frutos, broca dos ramos, moscas das frutas, antracnose e cancro.

2.15. Controle geral:
Procurar, na medida do possível, fazer o uso de alternativas para o controle de pragas. Veja nos anexos uma coletânea de receitas de uso alternativo para o controle de pragas e doenças de plantas cultivadas.

2.16. Controle da broca dos ramos:

Fazer a eliminação dos ramos atacados e a limpeza da galeria deixada pelas larvas, com auxílio de um arame. No final, tampar com cera ou barro.

2.17. Controle do cancro:

Fazer a remoção da parte atacada e pincelar com uma pasta bordalesa.

2.18. Controle da mosca das frutas:

Fazer a eliminação dos frutos atacados.

2.19. Colheita:

2.19.1. Parte colhida:

O que se colhe da graviola, para fins medicinais, são as folhas.

2.19.2. Época de colheita:

A colheita pode ser feita em qualquer época do ano.

2.19.3. Início da colheita:

As primeiras folhas são colhidas após o segundo ano do plantio da muda.

2.19.4. Forma de colheita:

A colheita é feita manualmente com a retirada das folhas, com uma tesoura de poda.

3. EXIGÊNCIAS DE CULTIVO DA GRAVIOLA

3.1. Clima:

A graviola desenvolve-se melhor em climas úmidos e em baixa altitude. Hoje, na região quente do semiárido nordestino, com irrigação, também se produz graviola.

3.2. Solo:

A graviola adapta-se a diferentes tipos de solo, mas prefere aqueles profundos, bem drenados e ricos em matéria orgânica. Os solos de aluvião, bem drenados, prestam-se bem à graviola.

3.3. Luz:

Pode receber sol o dia todo, pois é uma planta de luz plena.

3.4. Irrigação:

Recomenda-se irrigar diariamente a parte interna da bacia até o pegamento da muda. Irrigar as mudas pegadas na projeção da copa, distanciando-se do tronco à medida que o sistema radicular vai se desenvolvendo. Esta irrigação deve ser no mínimo três vezes por semana na estação seca.

4. MÉTODO DE PRODUÇÃO DE MUDA DA GRAVIOLA

4.1. Propagação:

A propagação da graviola para fins medicinais pode ser feita simplesmente pelas sementes. Elas devem ser obtidas de frutos maduros e sadios e devem ser íntegras e vigorosas.

Atenção: A propagação para fins comerciais dos frutos deve ser por enxertia por garfagem, ou seja, as mudas devem ser enxertadas e obtidas de produtores de mudas credenciados por organizações oficiais.

4.2. Como produzir as mudas da graviola por sementes:

No preparo das mudas, devem ser utilizados sacos de polietileno com as dimensões de 18cm x 30cm, preenchidos com mistura geralmente composta de 2 partes de barro, 2 partes de areia e 1 parte de esterco.

4.3. Procedimento:

1. Colocar por 24 horas as sementes em água fria para quebra de dormência.
2. Semear no próprio saco plástico duas sementes;
3. Deixar o saco da muda na sombra, regando-a frequentemente;
4. O início da germinação se dará em até 60 dias.
5. Após a germinação, as mudinhas de 5 a 10cm de altura são desbastadas; deixar apenas uma muda por saco, a mais vigorosa;
6. Quando a muda estiver com 30 a 40cm de altura, levá-la para o local definitivo.

GUACO

1. ASPECTOS BOTÂNICOS DO GUACO

1.1. Nome científico:
Mikania glomerata Sprengel

1.2. Família:
Compositae

1.3. Sinonímias científicas:
Não constam na literatura consultada.

1.4. Sinonímias populares:
Cipó-catinga, cipó-sucuriju, coração-de-Jesus, erva-cobra, erva-de-cobra, guaco-de-cheiro, guaco-liso, guaco-verdadeiro, guape, uaco, guaco-trepador, erva-da-serpentes, cipó-almecega-cabelido,erva-de-sapo, erva-dutra.

1.5. Origem:
Planta originária dos estados do Sul do Brasil, mas precisamente da Floresta Atlântica, ocorrendo também na Argentina, Uruguai e Paraguai.

1.6. Descrição da planta:
O guaco desenvolve-se como trepadeira arbustiva, lenhosa e sem gavinhas, com caule volúvel, cilíndrico e ramoso.

As folhas são simples, opostas, ovaladas e oblongolanceoladas, de base obtusa e ápice agudo, rígidas, pecioladas com três nervuras bem evidentes e presas duas a duas nos ramos flexíveis e de coloração verde intenso.

As flores são hermafroditas, reunidas em número de quatro, em capítulos iguais ente si, de coloração branca-creme. Seu florescimento não ocorre em todas as regiões do Brasil; é comum na região sul. Os frutos são aquênios.

Saiba mais: Na nossa região, o guaco, quando cultivado, não produz flores nem frutos, somente folhas.

2. ASPECTOS AGRONÔMICOS DO GUACO

2.1. Ciclo da planta:
O guaco é uma planta perene.

2.2. Época de plantio:
Em nossas condições, dispondo de água, pode ser plantado o ano inteiro.

2.3. Forma de plantio:
O guaco é plantado em cova previamente preparada.

2.4. Escolha das mudas:
As mudas devem ser vigorosas, bem formadas e sadias, devendo ter uma boa procedência para a implantação e para serem produzidas no próprio local posteriormente. Veja como produzir as mudas de guaco no método de produção de mudas.

2.5. Espaçamento:
Recomenda-se adotar o espaçamento de 2,0m entre as plantas.

2.6. Marcação das covas:
A marcação das covas está em função da forma de plantio.

2.7. Tamanho da cova:
Recomenda-se adotar 40cm x 40cm de boca e 40cm de profundidade.

2.8. Preparação das covas:
Preparar as covas de acordo com as informações no anexo.

2.9. Adubação da cova:
Usar 6 litros de esterco de gado curtido ou 10 litros de composto.

2.10. Como fazer o plantio das mudas:

Como o guaco é uma planta trepadeira, o plantio é feito ao lado de uma cerca de 1,5 a 2m de altura, com vários fios de arame para conduzir a planta ou latada de 3m x 3m e 2m de altura. Por não possuir garras para se prender, os tutores dirigidos são muito importantes para um bom desenvolvimento do guaco.

Recomenda-se manter o solo úmido o suficiente para favorecer o desenvolvimento das mudas plantadas.

2.11. Principais tratos culturais:

Basicamente, os tratos culturais resumem-se às capinas envoltas das cercas, espaldeiras ou latadas e às irrigações no verão.

2.12. Adubação de manutenção:

Fazer uma adubação de manutenção a cada seis meses.

2.13. Pragas que podem afetar o guaco:

O guaco pode ser atacado por pulgões e lagartas. Veja nos anexos uma coletânea de receitas de uso alternativo para o controle de pragas e doenças de plantas cultivadas.

2.14. Doenças que podem afetar o guaco:

Doenças fúngicas nas folhas e ramos tenros, quando cultivado em local muito úmido e muito sombreado.

2.15. Colheita:

2.15.1. Parte colhida:

O que se colhe do guaco, para fins medicinais, são as folhas.

2.15.2. Época de colheita:

Ela pode ser feita em qualquer época do ano.

2.15.3. Início da colheita:

Na nossa região, o guaco tem um desenvolvimento lento e isto retarda a sua colheita. A colheita é indicada quando a latada, cerca ou espaldeira estiverem bem encorpadas, ou seja, com bastantes folhas.

2.15.4. Forma de colheita:

A colheita das folhas é feita com o auxílio de uma tesoura de poda. Muito cuidado deve ser tomado ao se cortar os ramos, pois um deles pode ser o ramo principal.

2.15.5. Informações complementares sobre a colheita:

As folhas do guaco possuem um elevado teor de água; com isto, seu peso fica bastante reduzido após a secagem. Em função disso, há a necessidade de uma grande quantidade de folhas.

3. EXIGÊNCIAS DE CULTIVO DO GUACO

3.1. Clima:

O guaco é uma planta de clima tropical e temperado-brando.

3.2. Solo:

O guaco prefere os solos profundos, férteis e ricos em matéria orgânica.

3.3. Luz:

O guaco é uma planta de meia-sombra. Não cultivar o guaco em local de sol pleno, pois já houve pesquisas que constataram que o guaco, quando cultivado em sol pleno, reduziu a produção de Princípios Ativos. Esta pesquisa tem lógica, pois o guaco é originário da Floresta Atlântica e cresce espontaneamente no sub-bosque desta floresta.

3.4. Irrigação:

Recomenda-se irrigar diariamente.

4. MÉTODO DE PRODUÇÃO DE MUDA DO GUACO

4.1. Propagação:
A propagação do guaco é feita por estaquia.

4.2. Como produzir as mudas de guaco:
No preparo das mudas, devem ser utilizados sacos de polietileno com as dimensões aproximadas de 13cm x 21cm, preenchidos com mistura geralmente composta de 2 partes de barro, 2 partes de areia e 1 parte de esterco.

4.3. Procedimento:
1. Retirar, com uma tesoura de poda, um pedaço de galho necessário para a multiplicação. O galho deve ter aproximadamente 20cm, com pelo menos quatro gemas;
2. Retirar as folhas da base do galho, deixando apenas dois pares de folhas na parte superior. O corte deve ser abaixo de uma gema;
3. Plantar o galho em saco plástico previamente preparado, enterrando as gemas da parte inferior;
4. Regar bem nas primeiras semanas;
5. Manter a muda na sombra, regando-a frequentemente;
6. Quando a muda estiver completamente enraizada e bem desenvolvida, levá-la para o local definitivo.

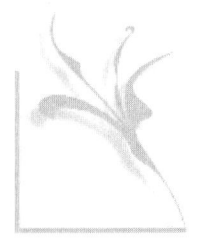

HORTELÃ-JAPONESA

1. ASPECTOS BOTÂNICOS DA HORTELÃ-JAPONESA

1.1. Nome científico:
Mentha arvensis L.
Saiba mais: O nome do gênero *Mentha* vem do nome Mintha, filha de Cocylus. Os poetas dizem que ela foi transformada nesta planta.

1.2. Família:
Labiatae

1.3. Variedade:
Piperascens Holmes

1.4. Sinonímias científicas:
Mentha arvensis subep. Parietarifolia (J. Beck.) Briq.
Mentha arvensis var. villosa (Benth.) S.R.Stewart
Mentha austríaca Jacq.
Mentha lapponica Wahlenb.
Mentha parietariifolia J. Beck.

1.5. Sinonímias populares:
Hortelã, hortelã-do-brasil, vique, hortelã-vique, menta, hortelã--pimenta, hortelã-das-cozinhas, menta-inglesa.

1.6. Origem:
Planta originária do Oriente, em especial do Japão.
Saiba mais: A hortelã-japonesa foi trazida para o Brasil pelos imigrantes japoneses no início do século XX.

1.7. Descrição da planta:
A hortelã-japonesa é uma planta herbácea muito aromática, de cheiro forte, penetrante e refrescante. É uma planta erecta com até 40cm de altura, raiz em cabeleira e caule tipo haste.

As folhas são opostas, elípticas, providas de um curto pecíolo, margens dentadas, ápice agudo, dispostas aos pares e muito aromáticas, medindo 2 a 7cm de comprimento; o seu conjunto forma uma folhagem perenifólia distribuída numa copa cônica.
As flores são esbranquiçadas, reunidas em inflorescências terminais.

2. ASPECTOS AGRONÔMICOS DA HORTELÃ-JAPONESA

2.1. Ciclo da planta:
A hortelã-japonesa é uma planta anual.

2.2. Época de plantio:
Em nossas condições, dispondo de água, pode ser plantada durante o ano inteiro.

2.3. Forma de plantio:
A hortelã-japonesa é cultivada em canteiro previamente preparado.
Atenção: Existem alguns pássaros que fazem ninhos nos canteiros de hortelã-japonesa, e, por isso, as cobras são atraídas, devendo-se tomar cuidado ao mexer no canteiro.

2.4. Como construir os canteiros:
Veja estas informações no anexo.

2.5. Adubação dos canteiros:
Distribuir de forma uniforme 20 litros de esterco de gado ou 30 litros de composto por metro quadrado, repetindo-se esta adubação após cada corte.

2.6. Escolha das mudas:
As mudas devem ser vigorosas, bem formadas e sadias, devendo ter uma boa procedência para a implantação e para serem produzidas no próprio local posteriormente. Veja como produzir as mudas de hortelã-japonesa no método de produção de mudas.

2.7. Espaçamento:
Recomenda-se adotar o espaçamento de 30cm entre plantas e 30cm entre fileiras.

2.8. Quantidade de mudas por metro quadrado:
Haverá a necessidade de 9 mudas por metro quadrado.

2.9. Como fazer o plantio das mudas:
Realizar o plantio das mudas de acordo com as informações no anexo.

2.10. Principais tratos culturais:
Os tratos culturais são basicamente irrigação, retirada manual das ervas daninhas, cobertura morta, adubação de manutenção após os cortes e rotação de cultura.

2.11. Pragas que podem afetar a hortelã-japonesa:
A hortelã-japonesa pode ser atacada por cochonilhas comuns, cochonilhas das partes subterrâneas e pulgões.

2.12. Controle:
Fazer o uso de alternativas para o controle de pragas. Veja nos anexos uma coletânea de receitas de uso alternativo para o controle de pragas e doenças de plantas cultivadas.

2.13. Colheita:

2.13.1. Parte colhida:
O que se colhe da hortelã-japonesa são as folhas. Podem também ser colhidas as folhas com as sumidades floridas.

2.13.2. Época de colheita:
A colheita pode ser feita em qualquer época do ano, apresentando maior rendimento nos meses de junho e outubro.

2.13.3. Início da colheita:

No início da floração, em torno de três a quatro meses após o plantio da muda. No inverno, a hortelã-japonesa apresenta maior altura, número de ramos, estolhões e folhas e, com isso, pode aumentar o seu ciclo.

2.13.4. Forma de colheita:

A colheita é feita manualmente com os cortes e deixando a planta brotar novamente, pois, dependendo das condições climáticas e dos tratos culturais, a hortelã-japonesa pode proporcionar até dois cortes por ciclo.

2.13.5. Horário da colheita:

A colheita deve ser realizada entre 10 e 11 horas.

2.12.6. Informações complementares sobre a colheita:

O corte da hortelã-japonesa deve ser a uma altura de 10cm do solo.

3. EXIGÊNCIAS DE CULTIVO DA HORTELÃ-JAPONESA

3.1. Clima:

A hortelã-japonesa é uma planta de clima subtropical.

3.2. Solo:

O solo do canteiro deve ser leve, solto, rico em matéria orgânica e bem drenado. Esta riqueza de matéria orgânica irá proporcionar hortelã-japonesa sadia e com metabolismo equilibrado.

3.3. Luz:

A hortelã-japonesa pode receber sol o dia todo, pois é uma planta de luz plena.

3.4. Irrigação:

Recomenda-se irrigar diariamente. Temperaturas muito elevadas, associadas a pouca rega, diminuem o teor de óleos essenciais.

4. MÉTODO DE PRODUÇÃO DE MUDA DA HORTELÃ-JAPONESA

4.1. Propagação:
A propagação da hortelã-japonesa é feita pela estaquia de rizomas e ramos.

4.2. Como produzir as mudas da hortelã-japonesa:
No preparo das mudas, devem ser utilizados sacos de polietileno com as dimensões aproximadas de 13cm x 21cm, preenchidos com mistura geralmente composta de 2 partes de barro, 2 partes de areia e 1 parte de esterco.

4.3. Procedimentos de produção de mudas em saco plástico:
1. Retirar ramos enraizados, ou estacas dos rizomas com 15cm de comprimento e tendo 3 gemas no mínimo;
2. Plantar os ramos enraizados, ou estacas dos rizomas em saco plástico previamente preparado;
3. Manter a muda na sombra, regando-a frequentemente;
4. Regar bem nas primeiras semanas;
5. Quando a muda estiver bem enraizada e bem desenvolvida, levá-la para o canteiro.

4.4. Procedimentos de produção de mudas utilizando bandeja:
1. Adquirir bandeja de isopor de 128 células;
2. Preparar substrato ou utilizar húmus de minhoca;
3. Encher a bandeja de isopor com o substrato;
4. Regar a bandeja de isopor;
5. Retirar galhos novos;
6. Reduzir as folhas da base;
7. Plantar os galhos novos na bandeja de isopor;
8. Regar a bandeja de isopor após o plantio;
9. Manter a bandeja de isopor na sombra;
10. Regar a bandeja de isopor diariamente com moderação;

11. Manter a bandeja suspensa para facilitar os trabalhos;
12. Quando o galho novo, plantado na bandeja de isopor, estiver enraizado, retirar com muito cuidado o substrato e levar para um saco plástico previamente preparado, tendo o cuidado de não desmanchar o bloco;
13. Fazer um buraco no saco plástico do tamanho do bloco;
14. Manter a muda também na sombra, regando-a frequentemente;
15. Quando a muda estiver bem desenvolvida, levá-la para o canteiro.

HORTELÃ-PIMENTA

1. ASPECTOS BOTÂNICOS DA HORTELÃ-PIMENTA

1.1. Nome científico:
Mentha x piperita L.
Saiba mais: A hortelã-pimenta é uma planta híbrida. O indicador é a presença de um *x* entre o gênero e a espécie, sendo originário do cruzamento entre diversas espécies, provavelmente *Mentha spicata* L., *Mentha aquatica* L., *Mentha longifolia Huds.* e *Mentha rotundifolia Huds.*

1.2. Família:
Labiatae

1.3. Sinonímias científicas:
Não constam na literatura consultada.

1.4. Sinonímias populares:
Hortelã, menta, menta-inglesa, hortelã-apimentada, hortelã-das--cozinhas, sândalo, hortelãzinha, hortelã-de-cheiro, hortelã-da--folhas-miúda, hortelã comum, hortelã-de-cheiro, hortelã-da-horta.

1.5. Origem:
Planta originária da Europa.
Saiba mais: A hortelã-pimenta foi trazida para o Brasil no período colonial.

1.6. Descrição da planta:
A hortelã-pimenta é uma planta herbácea muito aromática, de cheiro bem característico, penetrante e refrescante. É uma planta de mais ou menos 30cm de altura, semierecta, com ramos de cor verde-escura a roxa purpúrea.
As folhas são opostas, simples, elípticas a lanceoladas, com ápice agudo e margem serrada, curto-pecioladas, pilosas e muito aromáticas.

As flores são hermafroditas, diclamídeas, pentâmeras, zigomorfas, reunidas em inflorescências do tipo glomérulo, separadas umas das outras, formando espigas no ápice dos ramos. Corola gamo-pétala, bilabiada, lilás a branca.

Saiba mais: A hortelã-pimenta é cultivada no Sudeste e no Nordeste, somente nas serras úmidas de clima de montanha. No restante do país, ela não completa o ciclo vegetativo, permanecendo rastejante, com folhas pequenas e as pontas das hastes voltadas para o solo.

2. ASPECTOS AGRONÔMICOS DA HORTELÃ-PIMENTA

2.1. Ciclo da planta:
A hortelã-pimenta é uma planta anual.

2.2. Época de plantio:
Em nossas condições, dispondo de água, pode ser plantada durante o ano inteiro.

2.3. Forma de plantio:
A hortelã-pimenta é cultivada em canteiro previamente preparado.
Saiba mais: Existem cerca de 25 espécies do gênero *Mentha*; dada a facilidade de hibridação, não se recomenda o cultivo de diversas espécies de hortelã na mesma área.

2.4. Como construir os canteiros:
Veja estas informações no anexo.

2.5. Adubação dos canteiros:
Distribuir de maneira uniforme 20 litros de esterco de gado ou 30 litros de composto por metro quadrado, repetindo-se esta adubação após cada corte.

2.6. Escolha das mudas:
As mudas devem ser vigorosas, bem formadas e sadias, devendo ter uma boa procedência para a implantação e para serem produzidas

no próprio local posteriormente. Veja como produzir as mudas de hortelã-pimenta no método de produção de mudas.

2.7. Espaçamento:

Recomenda-se adotar o espaçamento de 30cm entre plantas e 30cm entre fileiras.

2.8. Quantidade de mudas por metro quadrado:

Haverá a necessidade de 9 mudas por metro quadrado.

2.9. Como fazer o plantio das mudas:

Realizar o plantio das mudas de acordo com as informações no anexo.
Saiba mais: O plantio pode ser feito na forma de plantio direto, por meio de estolões, basta colocar o caule com as raízes rentes à superfície e cobrir com uma fina camada de terra, deixando os ramos com folhas acima do solo.

2.10. Principais tratos culturais:

Os tratos culturais são basicamente a irrigação, retirada manual das ervas daninhas, cobertura morta, adubação de manutenção após os cortes e rotação de cultura.

2.11. Pragas que podem afetar a hortelã-pimenta:

A hortelã-pimenta pode ser atacada por cochonilhas comuns, cochonilhas das partes subterrâneas e pulgões.

2.12. Controle:

Fazer o uso de alternativas para o controle de pragas. Veja nos anexos uma coletânea de receitas de uso alternativo para o controle de pragas e doenças de plantas cultivadas.

2.13. Colheita:

2.13.1. Parte colhida:

O que se colhe da hortelã-pimenta são as folhas.

2.13.2. Época de colheita:
A colheita pode ser feita em qualquer época do ano.

2.13.3. Início da colheita:
A partir do quarto mês de plantio da muda, faz-se a colheita das folhas.

2.13.4. Forma de colheita:
A colheita é feita manualmente com os cortes e deixando a planta brotar novamente, pois dependendo das condições climáticas e dos tratos culturais a hortelã-pimenta pode proporcionar três cortes por ciclo.

2.13.5. Horário da colheita:
Como é uma planta produtora de óleos essenciais, recomenda-se colher bem cedo, para não haver perda de óleo existente na planta.

2.12.6. Informações complementares sobre a colheita:
A hortelã-pimenta crescendo livremente, sem colheita ou poda, pode se tornar uma planta invasora.

3. EXIGÊNCIAS DE CULTIVO DA HORTELÃ-PIMENTA

3.1. Clima:
A hortelã-pimenta é uma planta de clima temperado.

3.2. Solo:
O solo do canteiro deve ser leve, solto e rico em matéria orgânica e bem drenado.

3.3. Luz:
Um ambiente intermediário, ou seja, sujeito a sol e sombra ao longo do dia é o ideal.

3.4. Irrigação:
Recomenda-se irrigar diariamente.

4. MÉTODO DE PRODUÇÃO DE MUDA DA HORTELÃ-PIMENTA

4.1. Propagação:
A propagação da hortelã-pimenta é feita por estaquia de rizomas e ramos.

Saiba mais: Durante o seu crescimento, a planta desenvolve estolões, um tipo de caule que cresce rente ao solo. Deste caule, a planta emite ramos com folhas e raízes.

4.2. Como produzir as mudas da hortelã-pimenta:
No preparo das mudas, devem ser utilizados sacos de polietileno com as dimensões aproximadas de 13cm x 21cm, preenchidos com mistura geralmente composta de 2 partes de barro, 2 partes de areia e 1 parte de esterco.

4.3. Procedimentos de produção de mudas em saco plástico:
1. Retirar ramos enraizados, ou estacas dos rizomas com 10cm de comprimento e tendo 3 gemas no mínimo;
2. Plantar os ramos enraizados, ou estacas dos rizomas em saco plástico previamente preparado;
3. Manter a muda na sombra, regando-a frequentemente;
4. Regar bem nas primeiras semanas;
5. Quando a muda estiver bem enraizada e bem desenvolvida, levá-la para o canteiro.

4.4. Procedimentos de produção de mudas utilizando bandeja:
1. Adquirir bandeja de isopor de 128 células;
2. Preparar substrato ou utilizar húmus de minhoca;
3. Encher a bandeja de isopor com o substrato;
4. Regar a bandeja de isopor;
5. Retirar galhos novos;
6. Reduzir as folhas da base;

7. Plantar os galhos novos na bandeja de isopor;
8. Regar a bandeja de isopor após o plantio;
9. Manter a bandeja de isopor na sombra;
10. Regar a bandeja de isopor diariamente com moderação;
11. Manter a bandeja suspensa para facilitar os trabalhos;
12. Quando o galho novo, plantado na bandeja de isopor, estiver enraizado, retirar com muito cuidado o substrato e levar para um saco plástico previamente preparado. Tenha o cuidado de não desmanchar o bloco;
13. Fazer um buraco no saco plástico do tamanho do bloco;
14. Manter a muda também na sombra e regá-la;
15. Quando a muda estiver bem desenvolvida, levá-la para o canteiro.

HORTELÃ-RASTEIRA

1. ASPECTOS BOTÂNICOS DA HORTELÃ-RASTEIRA

1.1. Nome científico:
Mentha x villosa Huds
Saiba mais: A hortelã-rasteira é uma planta híbrida. O indicador é a presença de um *x* entre o gênero e a espécie.
Muitas vezes, a hortelã-rasteira é confundida com a *Mentha crispa*.

1.2. Família:
Labiatae

1.3. Sinonímias científicas:
Não constam na literatura consultada.

1.4. Sinonímias populares:
Hortelã, hortelã-de-panela, hortelã-comum, hortelã-das-hortas, hortelã-da-folhas-pequenas, hortelã-miúda, hortelã-de-quibe, menta-vilosa, hortelanzinha.

1.5. Origem:
Planta originária da Europa.

1.6. Descrição da planta:
A hortelã-rasteira é uma planta herbácea, aromática, rasteira, com ramos estoníferos e erectos, quadrangulares, ramificados na porção superior.
As folhas são ovais, opostas, curtamente pecioladas, com aroma forte e bem característico.
As flores são tubulares, labiadas, arranjadas em racemos terminais e axilares e, quando aparecem, ficam dispostas em espigas curtas terminais. Em nossas condições, a espécie cultivada não floresce.
Saiba mais: O cultivo da verdadeira hortelã-rasteira é dificultado pela existência de vários outros tipos de hortelãs-rasteiras muito parecidos entre si, o que exige a obtenção de mudas de locais de boa procedência.

2. ASPECTOS AGRONÔMICOS DA HORTELÃ-RASTEIRA

2.1. Ciclo da planta:
A hortelã-rasteira é uma planta anual.

2.2. Época de plantio:
Em nossas condições, dispondo de água, pode ser plantada durante o ano inteiro.

2.3. Forma de plantio:
A hortelã-rasteira é cultivada em canteiro previamente preparado.

2.4. Como construir os canteiros:
Veja estas informações no anexo.

2.5. Adubação dos canteiros:
Distribuir de maneira uniforme 15 litros de esterco de gado, ou 20 litros de composto por metro quadrado, repetindo-se esta adubação após cada corte.

2.6. Escolha das mudas:
As mudas devem ser vigorosas, bem formadas e sadias, devendo ter uma boa procedência para a implantação e para serem produzidas no próprio local posteriormente. Veja como produzir as mudas de hortelã-rasteira no método de produção de mudas.

2.7. Espaçamento:
Recomenda-se adotar o espaçamento de 30cm entre plantas e 30cm entre fileiras.

2.8. Quantidade de mudas por metro quadrado:
Haverá a necessidade de 9 mudas por metro quadrado.

2.9. Como fazer o plantio das mudas:
Realizar o plantio das mudas de acordo com as informações no anexo.

2.10. Principais tratos culturais:

Os tratos culturais são basicamente irrigação, retirada manual das ervas daninhas, cobertura morta, adubação de manutenção após os cortes e rotação de cultura.

2.11. Pragas que podem afetar a hortelã-rasteira:

A hortelã-rasteira pode ser atacada por cochonilhas e pulgões.

2.12. Controle:

Fazer o uso de alternativas para o controle de pragas. Veja nos anexos uma coletânea de receitas de uso alternativo para o controle de pragas e doenças de plantas cultivadas.

2.13. Colheita:

2.13.1. Parte colhida:

O que se colhe da hortelã-rasteira são as folhas.

2.13.2. Época de colheita:

A colheita pode ser feita em qualquer época do ano.

2.13.3. Início da colheita:

A colheita é iniciada quatro meses após o plantio da muda.

2.13.4. Forma de colheita:

A colheita é feita manualmente com os cortes, deixando-se a planta brotar novamente, pois, dependendo das condições climáticas e dos tratos culturais, a hortelã-rasteira pode proporcionar até três cortes a cada três meses.

2.13.5. Horário da colheita:

Ela deve ser feita entre 7 e 9 horas da manhã.

2.13.6. Informações complementares sobre a colheita:

O corte da hortelã-rasteira deve ser a uma altura de 10cm do solo.

3. EXIGÊNCIAS DE CULTIVO DA HORTELÃ-RASTEIRA

3.1. Clima:
A hortelã-rasteira é uma planta de clima subtropical.

3.2. Solo:
O solo do canteiro deve ser leve, solto, rico em matéria orgânica e bem drenado.

3.3. Luz:
A hortelã-rasteira pode receber sol o dia todo, pois é uma planta de luz plena.

3.4. Irrigação:
Recomenda-se irrigar diariamente. Temperaturas muito elevadas associadas à pouca rega diminuem o teor de óleos essenciais.
Saiba mais: A hortelã-rasteira sofre muito com os invernos pesados e muitas vezes podem vir a morrer no inverno.

4. MÉTODO DE PRODUÇÃO DE MUDA DA HORTELÃ-RASTEIRA

4.1. Propagação:
A propagação da hortelã-rasteira é feita pela estaquia de rizomas e ramos. Este material de propagação é muito difícil após o inverno.

4.2. Como produzir as mudas da hortelã-rasteira:
No preparo das mudas, devem ser utilizados sacos de polietileno com as dimensões aproximadas de 13cm x 21cm, preenchidos com mistura geralmente composta de 2 partes de barro, 2 partes de areia e 1 parte de esterco.

4.3. Procedimentos de produção de mudas em saco plástico:
1. Retirar ramos enraizados ou estacas dos rizomas com 15cm de comprimento e tendo 3 gemas no mínimo;

2. Plantar os ramos enraizados ou estacas dos rizomas em saco plástico previamente preparado;
3. Manter a muda na sombra, regando-a frequentemente;
4. Regar bem nas primeiras semanas;
5. Quando a muda estiver bem enraizada e bem desenvolvida, levá-la para o canteiro.

4.4. Procedimentos de produção de mudas utilizando bandeja:

1. Adquirir bandeja de isopor de 128 células;
2. Preparar substrato ou utilizar húmus de minhoca;
3. Encher a bandeja de isopor com o substrato;
4. Regar a bandeja de isopor;
5. Retirar com uma tesoura de poda o ramo da ponta;
6. Retirar as folhas inferiores deixando apenas as superiores;
7. Cortar na base abaixo de uma gema;
8. Plantar na bandeja de isopor;
9. Regar a bandeja de isopor após o plantio;
10. Manter a bandeja de isopor na sombra;
11. Regar a bandeja de isopor diariamente, com moderação;
12. Manter a bandeja suspensa para facilitar os trabalhos;
13. Quando o galho novo plantado na bandeja de isopor estiver enraizado, retirar com muito cuidado o substrato e levar para um saco plástico previamente preparado, tendo o cuidado de não desmanchar o bloco;
14. Fazer um buraco no saco plástico do tamanho do bloco;
15. Manter a muda também na sombra, regando-a frequentemente;
16. Quando a muda estiver bem desenvolvida, levá-la para o canteiro.

MALVARISCO

1. ASPECTOS BOTÂNICOS DO MALVARISCO

1.1. Nome científico:
Plectrantuhus amboinicus (Lour.) Spreng.

1.2. Família:
Labiatae

1.3. Sinonímias científicas:
Coleus amboinicus Lour.
Coleus aromaticus Benth.
Saiba mais: O malvarisco é muito parecido com a malva-santa, da qual difere por possuir folhas não flexíveis, quebradiças e sem sabor amargo como esta.

1.4. Sinonímias populares:
Malva, malvariço, malvaisco, hortelã-graúda, hortelã-grande, hortelã-da-folha-grossa, hortelã-de-folha-graúda, hortelã-da-bahia, malva-do-reino, malva-de-cheiro.

1.5. Origem:
Planta originária da Ilha da Amboin na Nova Guiné e cultivada em todos os países tropicais e subtropicais.

1.6. Descrição da planta:
O malvarisco é uma grande erva aromática, tomentosa, semicarnosa, de 40cm a 1m de altura e largamente cultivadas em jardins e quintais. As folhas são deitoide-ovais, quebradiças, com disposição oposta-cruzada, apresentando a base truncada e com margem denteada e nervuras salientes no dorso, medindo de 4 a 10cm de comprimento. As flores são azuladas claras ou róseas, em longos racemos interrompidos. Estas flores não aparecem nas condições edafoclimáticas do Nordeste, excetuando-se as serras úmidas.

2. ASPECTOS AGRONÔMICOS DO MALVARISCO

2.1. Ciclo da planta:
O malvarisco é uma planta perene.
Atenção: Mesmo sendo perene, é recomendável que o malvarisco não passe mais que um ano no canteiro.
Saiba mais: O ciclo vegetativo do malvarisco no Nordeste é de aproximadamente seis meses; a partir deste período, as folhas começam a amarelar e diminui o número de ramos.

2.2. Época de plantio:
Em nossas condições, dispondo de água, pode ser plantada durante o ano inteiro.

2.3. Forma de plantio:
O malvarisco é cultivado em canteiro previamente preparado.

2.4. Como construir os canteiros:
Veja estas informações no anexo.

2.5. Adubação dos canteiros:
Distribuir de forma uniforme 20 litros de esterco de gado curtido, ou 30 litros de composto por metro quadrado. O malvarisco aproveita rapidamente este adubo. Para que fique sempre verde e frondoso, deve haver uma adubação de manutenção.

2.6. Escolha das mudas:
As mudas devem ser vigorosas, bem formadas e sadias, devendo ter uma boa procedência para a implantação e para serem produzidas no próprio local posteriormente. Veja como produzir as mudas do malvarisco no método de produção de mudas.

2.7. Espaçamento:
Recomenda-se adotar o espaçamento de 50cm entre plantas e 50cm entre fileiras.

2.8. Quantidade de mudas por metro quadrado:
Haverá a necessidade de 4 mudas por metro quadrado.

2.9. Como fazer o plantio das mudas:
Realizar o plantio das mudas de acordo com as informações no anexo.

2.10. Principais tratos culturais:
Os tratos culturais são basicamente irrigação nos períodos secos, retirada manual das ervas daninhas, cobertura morta, adubação de manutenção e rotação de cultura.

2.11. Pragas e doenças:
O malvarisco é praticamente imune a pragas e doenças. Pode ocorrer a broca do tronco. Esta broca do tronco da base é comum em solo não drenado.

2.12. Controle:
No aparecimento da broca, arrancar e queimar a planta atacada.

2.13. Colheita:

2.13.1. Parte colhida:
O que se colhe do malvarisco, para fins medicinais, são as folhas.

2.13.2. Época de colheita:
A colheita pode ser feita em qualquer época do ano.

2.13.3. Início da colheita:
A colheita é iniciada a partir de quatro meses após o plantio da muda.

2.13.4. Forma de colheita:
A colheita é feita manualmente com a retirada das folhas, com o auxílio de uma tesoura de poda. Com o tempo, o malvarisco irá brotar novamente.

2.13.5. Horário da colheita:
No início do dia, após a seca do orvalho.

2.13.6. Informações complementares sobre a colheita:
O teor de água do malvarisco é grande e muitas vezes esta característica dificulta a secagem. Ele produz bastantes folhas quando bem adubado.

3. EXIGÊNCIAS DE CULTIVO DO MALVARISCO

3.1. Clima:
O malvarisco é uma planta de clima tropical.

3.2. Solo:
O solo do canteiro deve ser leve, solto, rico em matéria orgânica e bem drenado para evitar a broca do tronco.

3.3. Luz:
O malvarisco pode receber sol o dia todo, pois é uma planta de luz plena.

3.4. Irrigação:
Recomenda-se irrigar diariamente. A irrigação não pode ser intensa para não favorecer o aparecimento da broca pelo excesso de umidade.

4. MÉTODO DE PRODUÇÃO DE MUDA DO MALVARISCO

4.1. Propagação:
A propagação do malvarisco é feita por estaquia.

4.2. Como produzir as mudas do malvarisco:
No preparo das mudas, devem ser utilizados sacos de polietileno com as dimensões aproximadas de 13cm x 21cm, preenchidos com

mistura geralmente composta de 2 partes de barro, 2 partes de areia e 1 parte de esterco.

4.3. Procedimentos:

1. Escolher uma planta para multiplicação;
2. Retirar com uma tesoura de poda uma estaca de 20cm de comprimento. A estaca de preferência deve ser do ápice dos ramos;
3. Retirar as folhas da base da estaca, mas muito cuidado para não ferir a casca. Deixar as folhas terminais;
4. Plantar a estaca no saco plástico previamente preparado, enterrando 1/3 desta;
5. Manter as mudas na sombra, regando-as frequentemente;
6. Reduzir gradativamente o sombreamento e as regas;
7. Quando a muda estiver bem desenvolvida, levá-la para o local definitivo. Não deixar a muda passar muito tempo no viveiro, pois ficará estiolada e passada.

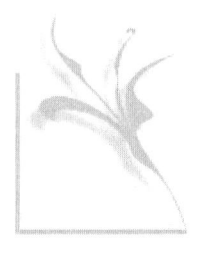

MALVA-SANTA

1. ASPECTOS BOTÂNICOS DA MALVA-SANTA

1.1. Nome científico:
Plectrantuhus barbatus Andr.

1.2. Família:
Labiatae

1.3. Sinonímias científicas:
Coleus barbatus (Andrews) Benth.
Coleus forskohlii (Willd.) Briq.

1.4. Sinonímias populares:
Malva, falso-boldo, boldo-brasileiro, boldo-do-reino, alum, boldo--nacional, malva-amarga, sete-dores, boldo-do-jardim, faso-boldo, folha-de-oxalá.
Saiba mais: A malva-santa muitas vezes é chamada de boldo, mas o boldo verdadeiro é o boldo-do-chile (*Peumus boldus*).

1.5. Origem:
Planta originária da Índia, trazida para o Brasil provavelmente no período colonial.

1.6. Descrição da planta:
A malva-santa é uma planta herbácea ou subarbustiva, aromática, podendo atingir 1,5m de altura.
O caule é grosso, pouco resistente e semidecumbente.
Os ramos também são grossos, eretos, quadrangulares, semissuculentos e densamente hirsutos.
As folhas são simples, opostas, ovado-oblongas, grossas, de margem serrada, pilosas em ambas as faces, curto-pecioladas, aromáticas, amargas, flexíveis mesmo quando secas, sendo mais espessas e suculentas quando frescas.

As flores são azuis, dispostas em inflorescências racemosas apicais, porém só florescem na região Sul e a altitudes acima de 700m nas latitudes menores.

Saiba mais: A malva-santa parece-se com o malvarisco, que tem propriedades medicinais diferentes, mas pode ser facilmente reconhecida pelo sabor amargo e cheiro diferente, e por possuir folhas macias e dobráveis.

Existe outra planta semelhante à malva-santa, esta semelhança entre as espécies é tanta que, muitas vezes, por engano, a malva-santa é confundida. Algumas diferenças são: ela flora até duas vezes por ano, seu porte é bem maior, as folhas também são maiores e as folhas e o caule são amargos, enquanto na malva-santa só as folhas são amargas.

2. ASPECTOS AGRONÔMICOS DA MALVA-SANTA

2.1. Ciclo da planta:
A malva-santa é uma planta perene.
Atenção: Mesmo sendo perene, é recomendável que ela não passe mais que um ano no canteiro.

2.2. Época de plantio:
Em nossas condições, dispondo de água, pode ser plantada durante o ano inteiro.

2.3. Forma de plantio:
A malva-santa é cultivada em canteiro previamente preparado.

2.4. Como construir os canteiros:
Veja estas informações no anexo.

2.5. Adubação dos canteiros:
Distribuir de maneira uniforme 20 litros de esterco de gado curtido, ou 30 litros de composto por metro quadrado.

2.6. Escolha das mudas:

As mudas devem ser vigorosas, bem formadas, autênticas e sadias, devendo ter uma boa procedência para a implantação e para serem produzidas no próprio local posteriormente. Veja como produzir as mudas da malva-santa no método de produção de mudas.

2.7. Espaçamento:

Recomenda-se adotar o espaçamento de 50cm entre plantas e 50cm entre fileiras.

2.8. Quantidade de mudas por metro quadrado:

Haverá a necessidade de 4 mudas por metro quadrado.

2.9. Como fazer o plantio das mudas:

Realizar o plantio das mudas de acordo com as informações no anexo.

2.10. Principais tratos culturais:

Os tratos culturais são basicamente irrigação nos períodos secos, retirada manual das ervas daninhas, cobertura morta e rotação de cultura.

2.11. Pragas e doenças:

A malva-santa é praticamente imune a pragas e doenças. Pode ocorrer a broca do tronco.

2.12. Controle:

No aparecimento da broca, arrancar e queimar a planta atacada.

2.13. Colheita:

2.13.1. Parte colhida:

O que se colhe da malva-santa para fins medicinais são as folhas.

2.13.2. Época de colheita:

A colheita pode ser feita em qualquer época do ano.

2.13.3. Início da colheita:
A colheita é iniciada a partir de quatro meses após o plantio da muda.

2.13.4. Forma de colheita:
A colheita é feita manualmente com a retirada das folhas, com o auxílio de uma tesoura de poda. Com o tempo, a malva santa irá brotar novamente.

2.13.5. Horário da colheita:
No início do dia, após a seca do orvalho.

2.13.6. Informações complementares sobre a colheita:
O teor de água da malva-santa é grande e muitas vezes esta característica dificulta a secagem.

3. EXIGÊNCIAS DE CULTIVO DA MALVA-SANTA

3.1. Clima:
A malva-santa é uma planta de clima tropical.

3.2. Solo:
O solo do canteiro deve ser leve, solto e rico em matéria orgânica.

3.3. Luz:
A malva-santa pode receber sol o dia todo, pois é uma planta de luz plena.

3.4. Irrigação:
Recomenda-se irrigar diariamente.

4. MÉTODO DE PRODUÇÃO DE MUDA DA MALVA-SANTA

4.1. Propagação:
A propagação da malva-santa é feita por estaquia.

4.2. Como produzir as mudas da malva-santa:

No preparo das mudas, devem ser utilizados sacos de polietileno com as dimensões aproximadas de 13cm x 21cm, preenchidos com mistura geralmente composta de 2 partes de barro, 2 partes de areia e 1 parte de esterco.

4.3. Procedimentos:

1. Escolher uma planta para multiplicação;
2. Retirar com uma tesoura de poda uma estaca de 20cm de comprimento. A estaca de preferência deve ser do ápice dos ramos;
3. Retirar as folhas da base da estaca, mas muito cuidado para não ferir a casca. Deixar as folhas terminais;
4. Plantar a estaca no saco plástico previamente preparado, enterrando 1/3 desta;
5. Manter as mudas na sombra, regando-as frequentemente;
6. No início, as mudas irão ficar com aspecto murcho, mas isso é normal e em pouco tempo eles voltarão ao aspecto normal;
7. Regar bem nas primeiras semanas;
8. Reduzir gradativamente o sombreamento e as regas;
9. Quando a muda estiver bem desenvolvida, levá-la para o local definitivo. Não deixar a muda passar muito tempo no viveiro, pois ficará estiolada e passada.

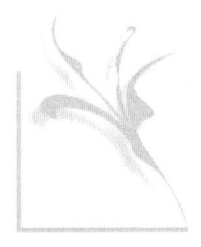

MANJERICÃO

1. ASPECTOS BOTÂNICOS DO MANJERICÃO

1.1. Nome científico:
Ocimum basilicum L.
Saibam mais: O nome *basilicum* é devido ao formato da folha que lembra uma basílica.

1.2. Família:
Labiatae (Lamiaceae)

1.3. Sinonímia científica:
Ocimum thyrsiflorum L.

1.4. Sinonímias populares:
Alfavaca, alfavaca-cheirosa, alfavaca-d'américa, alfavaca-doce, basílico-grande, erva-real, mangericão-anão, mangericão-branco, manjericão-de-folha-larga, manjericão-doce, manjericão-dos--cozinheiros, remédio-de-vaqueiro, segurelha, alfavaca-de-vaqueiro, alfavaca-do-mato, basilicão, basilicum-grande, folhas-largas-dos--cozinheiros, manjericão-da-flor-branca, manjericão-de-molho, quioio.
Saibam mais: Existem mais de 60 variedades diferentes de manje-ricão, com variações na cor, tamanho e forma das folhas, porte da planta e concentração de aroma.

1.5. Origem:
Planta nativa da Ásia tropical.

1.6. Descrição da planta:
O manjericão é uma planta herbácea, aromática, ereta, muito ramificada, que atinge cerca de 60cm de altura.
As folhas são simples, membranáceas, com margens onduladas e nervuras salientes e de cor verde-brilhante. Elas apresentam sabor e aroma doce e picante característico.

As flores são brancas, dispostas em inflorescências, e são do tipo espiga ou racemos terminais. As flores são fontes de néctar para abelhas melíferas.

O fruto é do tipo aquênio, com sementes pequenas e pretas.

Saibam mais: O manjericão é amplamente conhecido pelos seus poderes culinários e foi introduzido no Brasil pela colônia italiana.

2. ASPECTOS AGRONÔMICOS DO MANJERICÃO

2.1. Ciclo da planta:
O manjericão pode ser considerado uma planta anual de colheita única e de duas colheitas.

2.2. Época de plantio:
Em nossas condições, dispondo de água, pode ser plantada durante o ano inteiro. Para o plantio em larga escala, é recomendado plantar após as primeiras chuvas.

2.3. Forma de plantio:
O manjericão é cultivado em canteiro previamente preparado.

Saiba mais: Pode ser plantado em vasos em pequena escala.

2.4. Como construir os canteiros:
Veja estas informações no anexo.

2.5. Adubação dos canteiros:
Distribuir de forma uniforme 20 litros de esterco de gado curtido, ou 30 litros de composto por metro quadrado.

2.6. Escolha das mudas:
As mudas devem ser vigorosas, bem formadas, autênticas e sadias, devendo ter uma boa procedência para a implantação e para serem produzidas no próprio local posteriormente. Veja como produzir as mudas do manjericão no método de produção de mudas.

2.7. Espaçamento:

Recomenda-se adotar o espaçamento de 50cm entre plantas e 50cm entre fileiras.

2.8. Quantidade de mudas por metro quadrado:

Haverá a necessidade de 4 mudas por metro quadrado.

2.9. Como fazer o plantio das mudas:

Realizar o plantio das mudas de acordo com as informações no anexo.

2.10. Principais tratos culturais:

Os tratos culturais são basicamente irrigação nos períodos secos, pois o manjericão é exigente em água, retirada manual das ervas daninhas, cobertura morta, controle de pragas, aplicação de compostos orgânicos, caso haja cortes sucessivos e rotação de cultura.

2.11. Pragas e doenças:

O manjericão pode ser atacado por cochonilhas. Estas cochonilhas devem ser combatidas logo no início. É alvo também de ataque de formigas.

Doenças fúngicas podem acontecer quando há adensamento e excesso de sombreamento e de umidade.

2.12. Controle:

Uso de alternativas para o controle de pragas. Veja nos anexos uma coletânea de receitas de uso alternativo para o controle de pragas e doenças de plantas cultivadas.

2.13. Colheita:

2.13.1. Parte colhida:

O que se colhe do manjericão, para fins medicinais, são as folhas e inflorescências.

Saiba mais: Ele também é produzido em larga escala para a extração de óleo essencial, utilizado na indústria de alimentos, bebidas, perfumaria e outros produtos.

2.13.2. Época de colheita:
A colheita pode ser feita em qualquer época do ano.

2.13.3. Início da colheita:
A colheita é iniciada três meses após o plantio da muda.

2.13.4. Forma de colheita:
A colheita é feita manualmente com a retirada das folhas e inflorescências, com o auxílio de uma tesoura de poda na pequena escala. Para grande escala, são realizadas duas colheitas: a primeira é feita 3 meses após o plantio das mudas no campo, devendo ser realizada a 40cm do nível do solo para que a planta não morra e tenha rápida resposta na produção de novos ramos. A segunda colheita, 60 dias após a primeira.

2.13.5. Horário da colheita:
No início do dia, após a seca do orvalho.

2.13.6. Informações complementares sobre a colheita:
Não suporta muitas colheitas subsequentes, exigindo o replantio.

3. EXIGÊNCIAS DE CULTIVO DO MANJERICÃO

3.1. Clima:
O manjericão é uma planta de clima tropical. Ele não se adapta bem em locais de clima frio.

3.2. Solo:
O solo do canteiro deve ser leve, solto e rico em matéria orgânica.

3.3. Luz:
O manjericão pode receber sol o dia todo, pois é uma planta de luz plena.

3.4. Irrigação:
Recomenda-se irrigar diariamente.

4. MÉTODO DE PRODUÇÃO DE MUDA DO MANJERICÃO

4.1. Propagação:
A propagação do manjericão é feita por estaquia ou por sementes.

4.2. Como produzir as mudas do manjericão:
No preparo das mudas, devem ser utilizados sacos de polietileno com as dimensões aproximadas de 13cm x 21cm, preenchidos com mistura geralmente composta de 2 partes de barro, 2 partes de areia e 1 parte de esterco.

4.3. Procedimento para a produção de mudas por sementes:
1. Colher ramos secos com os frutos-semente de plantas adultas;
2. Separar as sementes com uma pequena peneira;
3. Semear as sementes a lanço em uma sementeira;
4. Após a germinação e com um pouco de desenvolvimento da mudinha, transplantar as mudinhas mais vigorosas para um saco plástico previamente preparado;
5. Manter a muda na sombra, regando-a frequentemente;
6. Quando a muda estiver bem desenvolvida, levá-la para o local definitivo.

4.4. Procedimento para a produção de mudas por estacas.
1. Selecionar plantas sadias e vigorosas para a retirada dos galhos;
2. Utilizar os galhos de ponteiros.
3. Retirar manualmente estes galhos pequenos, novos e sem flores, trazendo junto a gema;

4. Podar as folhas da base e deixar dois pares de folhas na parte superior;
5. Plantar o galho em saco plástico previamente preparado;
6. Manter a muda na sombra, regando-a frequentemente;
7. Quando a muda estiver completamente enraizada e bem desenvolvida, levá-la para o local definitivo.

MARACUJÁ

1. ASPECTOS BOTÂNICOS DO MARACUJÁ

1.1. Nome científico:
Passiflora edulis Sims

1.2. Família:
Passifloraceae

1.3. Sinonímias científicas:
Não constam na literatura consultada.

1.4. Sinonímias populares:
Maracujá-de-suco, maracujá-azedo, maracujá-liso, maracujá-peroba, maracujazeiro, maracujá-ácido.

1.5. Origem:
Planta originária da América do Sul.

1.6. Descrição da planta:
O maracujá é uma planta arbustiva, trepadeira lenhosa, de caule rastejante (gavinhas axilares).

As folhas são alternas, inteiras, ovaladas, lisas, pontudas, trilobadas, com duas pequenas glândulas nestaríferas na base do limbo, próximas à inserção do curto pecíolo.

As flores são típicas das plantas do gênero passiflora. Elas são grandes, axilares e de coloração azul-lilás.

O fruto é uma baga oval, alongada, de casca fina, cercada de um arilo mucilaginoso, esbranquiçado, translúcido e doce-acidulado.

Saiba mais: Existem muitas outras espécies de maracujá, tanto silvestres como cultivadas pelo povo, com as mesmas indicações. As mais destacadas são: *Passiflora alata* Dryander e *Passiflora incarnata* L.

2. ASPECTOS AGRONÔMICOS DO MARACUJÁ

2.1. Ciclo da planta:
O maracujá é uma planta semiperene.

2.2. Época de plantio:
Em nossas condições, dispondo de água, pode ser plantado o ano inteiro.

2.3. Forma de plantio:
O plantio do maracujá deve ser feito em cova previamente preparada, entre as estacas, colocando-se um tutor para conduzir a muda plantada até o fio de arame. No tutoramento, pode ser utilizando uma vara fina ou mesmo um barbante. No caso do barbante, amarrar no tronco da muda plantada, com certa folga para não estrangulá-la, puxando-o gradativamente com o crescimento até atingir o arame. Para se obter frutos, é necessário plantar várias mudas, pois as flores são bissexuadas e não são autofecundáveis. A polinização é feita pelas abelhas.

Saiba mais: O maracujá é uma planta muito suscetível e pode morrer até com o mau-olhado.

2.4. Sistema de condução para o plantio do maracujá:
O maracujá é uma planta trepadeira, necessitando, portanto, de suporte para sustentação.

Recomenda-se colocar uma estaca de 4,0m em 4,0m e um mourão a cada 24,0m; que nestes mourões das extremidades, deve ser colocada uma escora, a fim de conceder maior resistência à espaldeira.

As estacas e os mourões devem ficar com uma altura de 1,80m a 2,0m e enterrados 50cm no solo. O arame recomendado para a espaldeira é o número 12 ou 14, que deve ser esticado e grampeado no topo das estacas e dos mourões, e outro arame também deverá ser fixado por meio de grampos a uma altura de 1,30m a 1,50m acima do solo.

2.5. Escolha das mudas:

As mudas devem ser vigorosas, bem formadas e sadias. Veja como produzir as mudas do maracujá no método de produção de mudas.

2.6. Espaçamento em cova:

As covas devem ficar no meio das estacas, no sentido do alinhamento.

2.7. Tamanho da cova:

Recomenda-se adotar 40cm x 40cm de boca e 40cm de profundidade.

2.8. Preparação das covas:

Preparar as covas de acordo com as informações no anexo.

2.9. Adubação da cova:

Usar 10 litros de esterco de gado curtido, ou 15 litros de composto.

2.10. Principais tratos culturais:

Os tratos culturais são irrigações, capinação das ervas daninhas (mas com muito cuidado para não causar danos às raízes e proporcionar doenças como podridão do colo), combate às pragas, caso apareçam, adubação de manutenção e fazer podas de formação, de limpeza e de manutenção.

2.11. Poda de formação:

Recomenda-se reduzir os brotos laterais e conduzir três ramos até os fios.

2.12. Poda de limpeza:

Recomenda-se eliminar os ramos secos e doentes.

2.13. Poda de manutenção:

Recomenda-se eliminar os ramos próximos, ou os que estejam tocando no solo.

2.14. Pragas mais comuns do maracujá:

As pragas mais frequentes são os ácaros, a lagarta, os percevejos, a mosca-das-frutas, os nematoides, o besouro-da-folhas, o besouro-da--flores e a broca.

2.15. Doenças mais comuns do maracujá:

As doenças mais comuns são as verrugoses, a bacteriose, a murcha, as antracnoses, as viroses e a podridão do pé.

2.16. Controle:

Uso de alternativas de controle de pragas, ou a eliminação da planta doente. Veja nos anexos uma coletânea de receitas de uso alternativo para o controle de pragas e doenças de plantas cultivadas.

2.17. Colheita:

2.17.1. Parte colhida:

O que se colhe do maracujá, para fins medicinais, são as folhas.

2.17.2. Época de colheita:

A colheita pode ser feita em qualquer época do ano.

2.17.3. Início da colheita:

A colheita das folhas é feita a partir do sexto mês do plantio da muda.

2.17.4. Forma de colheita:

A colheita é feita com a retirada manual das folhas.

2.17.5. Informações complementares sobre a colheita:

Evitar colher em dias de chuvas. Não machucar ou amontoar as folhas. A colheita pode ser feita até o segundo ano.

3. EXIGÊNCIAS DE CULTIVO DO MARACUJÁ

3.1. Clima:
O maracujá é uma planta de clima tropical.

3.2. Solo:
O maracujá adapta-se a quase todos os tipo de solo, com exceção dos solos encharcados, pois estes podem causar a podridão do colo do maracujá.

3.3. Luz:
Pode receber sol o dia todo, pois é uma planta de luz plena.

3.4. Irrigação:
Irrigar diariamente na fase inicial e, posteriormente, quatro vezes por semana.

4. MÉTODO DE PRODUÇÃO DE MUDA DO MARACUJÁ

4.1. Propagação:
A propagação do maracujá é feita por sementes.

4.2. Como produzir as mudas do maracujá:
No preparo das mudas, devem ser utilizados sacos de polietileno com as dimensões aproximadas de 13cm x 21cm, preenchidos com mistura geralmente composta de 2 partes de barro, 2 partes de areia e 1 parte de esterco.

4.3. Procedimento da produção de mudas de maracujá em sementeira:
1. Coletar sementes de fruto maduro, de bom tamanho e isento de ataque de praga e doença;
2. Lavar as sementes em água corrente;
3. Colocar para secar à sombra;

4. Selecionar as melhores sementes;
5. Semear as sementes em sementeira, distribuindo de forma uniforme as sementes em sulcos com profundidade nunca superior ao dobro do diâmetro da semente;
6. Após a germinação, desbastar as mudinhas frágeis e transplantar as melhores e mais bem formadas para saco plástico previamente preparado;
7. As mudas são mantidas na sombra, e devem ser regadas frequentemente;
8. Quando a muda estiver bem desenvolvida, levá-la para o local definitivo.

Saiba mais: As sementes de frutos muito suculentos como o maracujá podem perder rapidamente o poder de germinação.

4.4. Procedimento da produção de mudas de maracujá diretamente em saco plástico:

1. Escarificar o substrato do saco plástico e semear as sementes diretamente em saco plástico previamente preparado;
2. Cobrir as sementes;
3. Após a germinação e um pouco de desenvolvimento das mudinhas, fazer um desbaste das mudinhas frágeis e deixar apenas uma;
4. As mudas são mantidas na sombra, e devem ser regadas frequentemente;
5. Quando a muda estiver bem desenvolvida, levá-la para o local definitivo.

MASTRUZ

1. ASPECTOS BOTÂNICOS DO MASTRUZ

1.1. Nome científico:
Chenopodium ambrosioides L.

1.2. Família:
Chenopodiaceae

1.3. Sinonímias científicas:
Ambrina ambrosioides (L.) Spach
Ambrina parvula (L.) Phil.
Ambrina spathulata Moq.
Atriplex ambrosioides (L.) Crantz
Blitum ambrosioides (L.) Beck
Ambrina ambrosioides (L.) Spach

1.4. Sinonímias populares:
Ambrisina, mentruz, erva-de-santa-maria, cambrósia, ambrósia-do-
-méxico, apazote, caácica, chá-do-méxico, quenopódio, pacote,
mentrusto, mentruço, mentrei, mata-cobra, mastruço, lombri-
gueira, erva-santa, erva-pombo-rota, erva-formigueiro, erva-em-
brósia, erva-do-formigueiro, erva-ds-cobras, cravinho-do-ato,
chá-dos-jesuítas.

1.5. Origem:
Planta originária da América Central e do Sul.

1.6. Descrição da planta:
O mastruz é uma erva muito ramificada, com porte alcançando
pouco mais de meio metro e o odor forte e bem característico da
planta, o que facilita sua identificação.
As folhas são simples, inteiras, oblongas, lanceoladas, pecioladas,
irregularmente denteadas e onduladas, em disposição alterna.
Quando crescem na parte inferior do mastruz são menores e mais
estreitas nos ramos superiores, e mais finas ainda nos ramos em

floração e frutificação. Estas folhas possuem sabor aromático, mais forte e algo desagradável nas sumidades floridas.

As flores são pequenas, verdes, numerosas e quase se confundem com os pequenos frutos.

Os frutos muito pequenos do tipo aquênio, esféricos, pretos e muito numerosos, geralmente confundidos com as sementes.

Saiba mais: O mastruz é uma planta espontânea no sul e sudeste do Brasil, onde é considerada erva daninha. Entretanto, aparece nos levantamentos do OMS como uma das plantas medicinais mais usadas nas formulações caseiras no mundo inteiro.

2. ASPECTOS AGRONÔMICOS DO MASTRUZ

2.1. Ciclo da planta:
O mastruz é uma planta anual.
Saiba mais: Seu ciclo de vida é de aproximadamente 9 meses.

2.2. Época de plantio:
Em nossas condições, dispondo de água, pode ser plantada durante o ano inteiro.

2.3. Forma de plantio:
O mastruz é cultivado em canteiro previamente preparado.

2.4. Como construir os canteiros:
Veja estas informações no anexo.

2.5. Adubação dos canteiros:
Distribuir de forma uniforme 15 litros de esterco de gado, ou 20 litros de composto por metro quadrado.

2.6. Escolha das mudas:
As mudas devem ser vigorosas, bem formadas e sadias, devendo ter uma boa procedência para a implantação e para serem produzidas

no próprio local posteriormente. Veja como produzir as mudas do mastruz no método de produção de mudas.

2.7. Espaçamento:
Recomenda-se adotar o espaçamento de 50cm entre plantas e 50cm entre fileiras.

2.8. Quantidade de mudas por metro quadrado:
Haverá a necessidade de 4 mudas por metro quadrado, adotando o espaçamento indicado.

2.9. Como fazer o plantio das mudas em canteiros:
Realizar o plantio das mudas de acordo com as informações no anexo.

2.10. Principais tratos culturais:
Os tratos culturais são basicamente a irrigação nos períodos secos, retirada manual das ervas daninhas, cobertura morta e rotação de cultura.

2.11. Pragas e doenças que podem afetar o mastruz:
O mastruz é praticamente imune a pragas e doenças.

2.12. Colheita:

2.12.1. Parte colhida:
O que se colhe do mastruz, para fins medicinais, são as folhas.

2.12.2. Época de colheita:
A colheita pode ser feita em qualquer época do ano.

2.12.3. Início da colheita:
A colheita deve ser feita no início da floração.

2.12.4. Forma de colheita:
A colheita é feita manualmente com a retirada dos ramos e posteriormente das folhas.

2.12.5. Horário da colheita:
Colher na parte da manhã, assim que o sol nascer.

2.12.6. Informações complementares sobre a colheita:
O mastruz é uma planta de colheita única.

3. EXIGÊNCIAS DE CULTIVO DO MASTRUZ

3.1. Clima:
O mastruz é uma planta de clima tropical.

3.2. Solo:
O solo do canteiro deve ser leve, solto e rico em matéria orgânica.

3.3. Luz:
O mastruz pode receber sol o dia todo, pois é uma planta de luz plena.

3.4. Irrigação:
Recomenda-se irrigar diariamente.

4. MÉTODO DE PRODUÇÃO DE MUDA DO MASTRUZ

4.1. Propagação:
A propagação do mastruz é feita por sementes.
Saiba mais: Os frutos amadurecem entre 30 a 40 dias após a floração, caem espontaneamente e germinam com facilidade.
O mastruz nasce espontaneamente em lavouras, terrenos baldios, hortas e jardins, principalmente na estação chuvosa.

4.2. Como produzir as mudas do mastruz:

No preparo das mudas, devem ser utilizados sacos de polietileno com as dimensões aproximadas de 13cm x 21cm, preenchidos com mistura geralmente composta de 2 partes de barro, 2 partes de areia e 1 parte de esterco.

4.3. Procedimentos:

1. Colher a parte aérea de plantas entre 30 a 40 dias após a floração;
2. Colocar para secar em um local sombreado e ventilado;
3. Separar as sementes com uma peneira pequena;
4. Semear as sementes a lanço em uma sementeira;
3. Regar a sementeira regulamente;
4. Transplantar as mudinhas da sementeira para saco plástico;
5. Quando a muda estiver bem desenvolvida, levá-la para o canteiro.
6. Colher a parte aérea de plantas bem formadas;
7. Colocar para secar em um local sombreado e ventilado;
8. Separar as sementes com uma peneira pequena;
9. Semear as sementes a lanço em uma sementeira;
10. Regar a sementeira regulamente;
11. Transplantar as mudinhas da sementeira para o saco plástico;
12. Quando a muda estiver bem desenvolvida, levá-la para o canteiro.

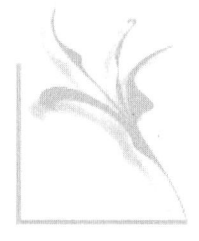

MENTRASTO

1. ASPECTOS BOTÂNICOS DO MENTRASTO

1.1. Nome científico:
Ageratum conyzoides L.

1.2. Família:
Compositae (Asteraceae)

1.3. Sinonímias científicas:
Ageratum conyzoides var. *inaequipaleaceum* Hieron.
Ageratum hirsutum Lam.
Ageratum mexicanum Sims.
Ageratum latifolium Cav.
Ageratum latifolium var. *galapageium* B.L. Rob.
Alomia microcarpa (Benth. Ex Oerst.) B.L.Rob.
Carelia conyzoides (L.) Kuntze.
Coelestima microcarpo Benth. Ex Oerst.
Eupatorium conyzoides (L.) E.H.L. Krause
Cacalia mentrasto Vell.
Ageratum obtusifolium Lam.
Ageratum maritimum Kunth
Saiba mais: O mentrasto é uma planta muito comum em todo o país e aparece frequentemente nas serras úmidas de todo o Nordeste. Ele é considerado uma erva daninha em cerca de 50 países.

1.4. Sinonímias populares:
Cacália-mentrasto, camará-opela, catinga-de-barão, catinga-de-bode, cúria, erva-de-santa-lúcia, erva-de-são-joão, erva-de-são-josé, Maria-preta, mentraste, picão-branco, picão-roxo.

1.5. Origem:
Planta originária das Américas.

1.6. Descrição da planta:

O mentrasto é uma planta herbácea ereta, com caules revestidos de pelos alvos, medindo de 30 a 80cm de altura, muito aromática; possui uma verdadeira catinga de bode.

As folhas são opostas, longopecioladas, ovoides e ásperas, de 3 a 5m de comprimento e de sabor muito amargo. Suas folhas, quando trituradas entre os dedos, exalam um aroma leve e desagradável e muito parecido com a catinga de bode.

As flores são em capítulos estreitos de cor branca ou lilás que lembram pequenos pincéis.

O fruto-semente é do tipo aquênio, preto, anemófilo, e muito pequeno. Voa facilmente, favorecendo o aparecimento de muitas plantas que surgem em volta do canteiro cultivado por mentrasto.

Saiba mais: No Nordeste, existem dois tipos morfológicos distintos do mentrasto. O primeiro é o tipo florífero, que se caracteriza pela precocidade da floração, pois as flores surgem poucas semanas após o plantio da muda. Ele é muito parecido com o tipo silvestre. O segundo caracteriza-se pela abundância das folhas e sua floração ocorre normalmente no final do seu ciclo.

2. ASPECTOS AGRONÔMICOS DO MENTRASTO

2.1. Ciclo da planta:

O mentrasto é uma planta anual.

2.2. Época de plantio:

Em nossas condições, dispondo de água, pode ser plantada durante o ano inteiro.

2.3. Forma de plantio:

O mentrasto é cultivado em canteiro previamente preparado.

Saiba mais: O seu cultivo deve ser acompanhado pela vigilância quanto ao ataque das cochonilhas, o que ocorre muito comumente no mentrasto.

2.4. Como construir os canteiros:
Veja estas informações no anexo.

2.5. Adubação dos canteiros:
Distribuir de forma uniforme 15 litros de esterco de gado curtido, ou 20 litros de composto por metro quadrado.

2.6. Escolha das mudas:
As mudas devem ser vigorosas, bem formadas, autênticas e sadias, devendo ter uma boa procedência para a implantação e para serem produzidas no próprio local posteriormente. Veja como produzir as mudas de mentrasto no método de produção de mudas.

2.7. Espaçamento:
Recomenda-se adotar o espaçamento de 50cm entre plantas e 50cm entre fileiras.

2.8. Quantidade de mudas por metro quadrado:
Haverá a necessidade de 4 mudas por metro quadrado.

2.9. Como fazer o plantio das mudas:
Realizar o plantio das mudas de acordo com as informações no anexo.

2.10. Principais tratos culturais:
Os tratos culturais são basicamente irrigação, retirada manual das ervas daninhas, combate às pragas (caso apareçam), cobertura morta e rotação de cultura.

2.11. Pragas e doenças:
O mentrasto é facilmente atacando por cochonilhas. Estas cochonilhas devem ser combatidas logo no início.

2.12. Controle:

Uso de alternativa para o controle de pragas. Veja nos anexos uma coletânea de receitas de uso alternativo para o controle de pragas e doenças de plantas cultivadas.

2.13. Colheita:

2.13.1. Parte colhida:

O que se colhe do mentrasto, para fins medicinais, são as folhas.

2.13.2. Época de colheita:

A colheita pode ser feita em qualquer época do ano.

2.13.3. Início da colheita:

A colheita é iniciada no princípio da floração, sendo que a melhor época para o corte do mentrasto nas formas florífera e vegetativa ocorre aos 80 a 135 dias após a semeadura. O corte das plantas deve ser realizado rente ao solo.

2.13.4. Forma de colheita:

A colheita é feita manualmente, com a retirada das folhas.

2.13.5. Horário da colheita:

No início do dia, após a seca do orvalho.

2.13.6. Informações complementares sobre a colheita:

Nunca colher juntas as folhas e as flores, para uso medicinal e oral, respectivamente. Estas flores são tóxicas e os alcaloides presentes nelas podem apresentar efeitos colaterais até 3 ou 4 anos depois da colheita.

3. EXIGÊNCIAS DE CULTIVO DO MENTRASTO

3.1. Clima:

O mentrasto é uma planta de clima tropical.

3.2. Solo:
O solo do canteiro deve ser leve, solto e rico em matéria orgânica.

3.3. Luz:
O mentrasto é uma planta de meia-sombra.

3.4. Irrigação:
Recomenda-se irrigar diariamente. Na falta de irrigação, o mentrasto fica murcho.

4. MÉTODO DE PRODUÇÃO DE MUDA DO MENTRASTO

4.1. Propagação:
A propagação do mentrasto é feita por estaquia e sementes.

4.2. Como produzir as mudas do mentrasto por estacas:
No preparo das mudas, devem ser utilizados sacos de polietileno com as dimensões aproximadas de 13cm x 21cm, preenchidos com mistura geralmente composta de 2 partes de barro, 2 partes de areia e 1 parte de esterco.

4.3. Procedimentos de produção de mudas por estaca:
1. Escolher uma planta para multiplicação;
2. Retirar com uma tesoura de poda uma estaca nova e sem flores;
3. Podar as folhas da base;
4. Deixar dois pares de folhas na parte superior da estaca;
5. Plantar em saco plástico previamente preparado;
6. Manter a muda na sombra, regando-a frequentemente;
7. Reduzir gradativamente as regas para preparar a muda para o local definitivo;
8. Quando a muda estiver completamente enraizada e bem desenvolvida, levá-la para o canteiro.

4.4. Procedimentos de produção de mudas por sementes:

1. Escolher galhos com flores de plantas que tenham completado o seu ciclo;
2. Colocar estes galhos com flores para secar;
3. Separar a parte fina;
4. Semear as sementes em uma sementeira;
5. Manter a sementeira na sombra, regando-a frequentemente. As sementes podem levar de 15 a 20 dias para nascer;
6. Transplantar as mudinhas da sementeira para um saco plástico previamente preparado. Este transplantio deve ser realizado após 30 dias da semeadura para a forma florífera e após 50 dias para a forma vegetativa;
7. Manter a muda na sombra, regando-a frequentemente;
8. Reduzir gradativamente as regas;
9. Quando a muda estiver completamente enraizada e bem desenvolvida, levá-la para o canteiro.

Saiba mais: As mudinhas que nascem próximas dos canteiros cultivados com mentrasto, no inverno, podem ser aproveitadas.

MORINGA

1. ASPECTOS BOTÂNICOS DA MORINGA

1.1. Nome científico:
Moringa oleifera Lam.

1.2. Família:
Moringaceae.

1.3. Sinonímias científicas:
Moringa peterygosperma C.F. Gaertn.
Moringa zeylanica Burmann

1.4. Sinonímias populares:
Cedro, quiabo-de-quina, lírio-branco, lírio, cinamomo.

1.5. Origem:
Planta originária do Norte da Índia.

1.6. Descrição da planta:
A moringa é um arbusto ou árvore de pequeno porte com até 10 metros de altura, de tronco delgado, de copa aberta, em forma de sombrinha.

As folhas são compostas, bipinadas, de folíolos obovais, pequenos e glabros.

As flores são brancacentas e com marcas lilacíneas, grandes, em racemos pendentes, sendo numerosas e cheirosas e muito procuradas pelas abelhas.

Os frutos são do tipo cápsula alada e deiscente, com aspecto de uma vagem, com seção triangular, medindo 35cm de comprimento e marcado pelas sementes em seu interior.

As sementes são escuras por fora e contém no seu interior uma massa branca oleosa.

2. ASPECTOS AGRONÔMICOS DA MORINGA

2.1. Ciclo da planta:
A moringa é uma planta perene de crescimento rápido.

2.2. Época de plantio:
O ideal é que o plantio seja feito no começo da estação chuvosa, como solo úmido o suficiente para favorecer o desenvolvimento das mudas plantadas.

2.3. Forma de plantio:
A moringa é plantada em cova previamente preparada.

2.4. Escolha das mudas:
As mudas devem ser vigorosas, bem formadas e não muito estioladas. Veja como produzir as mudas da moringa no método de produção de mudas.

2.5. Espaçamento:
Recomenda-se adotar o espaçamento de 5,00m entre plantas e 5,00m entre fileiras.

2.6. Marcação das covas:
Realizar a marcação das covas de acordo com as informações no anexo.

2.7. Tamanho da cova:
Recomenda-se adotar 50cm x 50cm de boca e 50cm de profundidade.

2.8. Preparação das covas:
Preparar as covas de acordo com as informações no anexo.

2.9. Adubação da cova:
Usar 10 litros de esterco de gado curtido, ou 15 litros de composto.

2.10. Como fazer o plantio das mudas:
Realizar o plantio das mudas de acordo com as informações no anexo.

2.11. Principais tratos culturais:
Basicamente, os tratos culturais resumem-se às capinas, à poda de formação para facilitar a coleta das vagens que contêm as sementes e o combate às formigas.

2.12. Pragas que podem afetar a moringa:
As formigas são grandes inimigas da moringa, pois elas chegam a pelar toda a folhagem.

2.13. Colheita:

2.13.1. Parte colhida:
Dependendo do fim a que se destina, é realizada a colheita das folhas e sementes.

2.13.2. Início da colheita:
A colheita é iniciada logo no primeiro ano após o plantio da muda, mesmo em pequena quantidade.

2.13.3. Forma de colheita:
A colheita é feita com a retirada das vagens e posteriormente das sementes, que podem ser guardadas dentro de sacos de algodão. As folhas são também colhidas manualmente.

2.13.4. Informações complementares sobre a colheita:
Quase todas as partes da moringa podem ser colhidas, pelo alto valor medicinal.

2.13.5. Informações sobre o uso das sementes para limpar água turva ou suja:

Primeiro passo

1. Retirar a casca da semente.
2. Cortar as sementes com uma faca.
3. Pisar em um pilão até virar pó.
4. Colocar o pó das sementes em um vidro.
5. Acrescentar uma colher das de sopa de água limpa para cada semente pisada.
6. Mexer fortemente a solução durante 5 minutos até obter um líquido leitoso.
7. Coar o líquido em um pano.
8. A solução coada será usada para o tratamento de água turva.

Segundo passo

Calcula-se aproximadamente uma semente de moringa por litro de água a ser tratada, ou seja, uma lata de 18 litros de água turva exige em torno de 18 sementes de moringa. Como esse é um dado aproximado e existe uma variação na qualidade da água, há a necessidade de um teste de dosagem para a água turva.

Terceiro passo

1. Encher quatro vasilhas transparentes de água turva, de maneira que cada uma fique com um litro de água.
2. Uma vasilha serve como comparação, ou seja, testemunha, pois não irá receber a solução.
3. As três restantes serão tratadas com números diferentes de colheres contendo a solução.
4. Uma receberá uma colher de sopa de solução; a outra, duas colheres de sopa e a última receberá três colheres de sopa.
5. Agitar todas as vasilhas, inclusive a testemunha.
6. Deixar em descanso por 2 horas.
7. O teste pode parar por aqui ou continuar, dependendo dos resultados.

8. Com o teste de dosagem, pode-se determinar até mesmo a quantidade de sementes que serão pisadas.

Suponhamos que o melhor resultado no teste fosse conseguido acrescentando-se 3 colheres de sopa da solução. Isso significa que cada litro de água turva deve ser tratado com 3 sementes, pois uma colher de solução equivale a uma semente. Estes dados podem ser usados proporcionalmente.

Quarto passo
Como aplicar a solução:
1. Agitar rapidamente a água turva por um minuto.
2. Acrescentar a solução leitosa já determinada.
3. Continuar mexendo lentamente por mais 5 minutos.
4. Cobrir o recipiente.
5. Deixar a água descansar por 2 horas.

Quinto passo
Como tirar a água limpa:
1. Retirar a água limpa com uma concha.
2. Não agitar a água no momento da retirada.
3. Filtrar a água limpa.

3. EXIGÊNCIAS DE CULTIVO DA MORINGA

3.1. Clima:
A moringa é uma planta de clima tropical.

3.2. Solo:
A moringa adapta-se aos mais variados tipos de solo.

3.3. Luz:
Pode receber sol o dia todo, pois é uma planta de luz plena.

3.4. Irrigação:
Não existe tradição em irrigar a moringa.

4. MÉTODO DE PRODUÇÃO DE MUDA DA MORINGA

4.1. Propagação:
A propagação da moringa é feita por sementes.

4.2. Como produzir as mudas da moringa:
No preparo das mudas, devem ser utilizados sacos de polietileno com as dimensões aproximadas de 13cm x 21cm, preenchidos com mistura geralmente composta de 2 partes de barro, 2 partes de areia e 1 parte de esterco.

4.3. Procedimento de produção de mudas diretamente no saco plástico:
1. Semear 1 a 2 sementes diretamente no saco plástico previamente preparado;
2. Manter o saco plástico com as sementes na sombra, regando-as frequentemente;
3. Após a germinação e o desenvolvimento de mais de uma muda, desbastar a mudinha frágil e deixar a melhor;
4. Continuar mantendo as mudas à sombra e sendo regadas;
5. Quando a muda estiver bem desenvolvida, levá-la para o local definitivo.

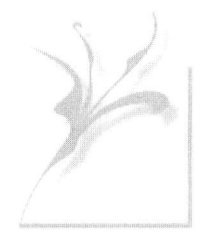

NIM

1. ASPECTOS BOTÂNICOS DO NIM

1.1. Nome científico:

Azadirachta indica A. Juss

Saiba mais: O nim, na Índia, é considerada uma planta sagrada. No Brasil, foi introduzida oficialmente em 1984 e, atualmente, pode ser encontrada em todas as regiões do País.

1.2. Família:

Meliaceae

1.3. Sinonímias científicas:

Melia azadirachta L.
Melia indica (A. Juss.) Brandis
Antelaea azadirachta (L.) Adelb. (Jacobs.)

1.4. Sinonímias populares:

Margosa, nime. nim indiano.

1.5. Origem:

Planta originária da Índia e de Myanmar.
Saiba mais: O nim é usado há séculos, principalmente na Índia, como planta medicinal.

1.6. Descrição da planta:

O nim é uma árvore muito resistente e que apresenta um rápido crescimento (alcança normalmente de 10 a 15 metros de altura e, dependendo do tipo de solo e das condições climáticas favoráveis ao desenvolvimento da planta, pode atingir até 25 metros). Seus galhos formam coroas de até 10m de diâmetro e seu tronco apresenta-se, geralmente, reto e curto, dotado de uma casca grossa e enrugada. As folhas são do tipo imparipinadas, compostas, com frequência aglomeradas nos extremos dos ramos, simples e sem estípulas. Sua coloração é verde-escuro a verde-clara intensa.

As flores são de coloração baça e aromáticas, reunidas em inflorescências densas, encontrando-se tanto flores masculinas quanto hermafroditas na mesma planta, o que permite que o nim cultivado isoladamente também produza frutos.

Os frutos são glabros e elipsoides, sendo verde-claros enquanto se desenvolvem, tornando-se amarelados à medida que amadurecem. Contêm uma unida semente em seu interior.

Saiba mais: O nim é uma planta medicinal, mas o seu grande atrativo é o seu elevado conteúdo de azadirachtina, um Princípio Ativo que vem demonstrando grande eficácia no combate a diversas pragas e doenças que atacam plantas e animais.

2. ASPECTOS AGRONÔMICOS DO NIM

2.1. Ciclo da planta:
O nim é uma planta perene.

2.2. Época de plantio:
Em nossas condições, dispondo de água, pode ser plantado o ano inteiro, porém o sucesso do plantio está diretamente relacionado à coincidência do início da estação chuvosa.

2.3. Forma de plantio:
O nim é plantado em cova previamente preparada.

2.4. Escolha das mudas:
As mudas devem ser vigorosas, bem formadas e sadias, devendo ter uma boa procedência para a implantação e para serem produzidas no próprio local posteriormente. Veja como produzir as mudas do nim no método de produção de mudas.

2.5. Espaçamento:
O espaçamento varia de acordo com o objetivo.

Objetivo	Espaçamento
Produção de sementes	7m x 5m
Produção de madeira	8m x 8m
Cercas vivas	1m x 1m
Barras	1m x 1,5m
Uso ornamental	À vontade

Fonte: Martinez

2.6. Marcação das covas:

Realizar a marcação das covas de acordo com as informações no anexo.

2.7. Tamanho da cova:

Recomenda-se adotar 50cm x 50cm de boca e 50cm de profundidade.

2.8. Preparação das covas:

Preparar as covas de acordo com as informações no anexo.

2.9. Adubação da cova:

Usar 20 litros de esterco de gado curtido, ou 30 litros de composto.

2.10. Como fazer o plantio das mudas em covas:

Realizar o plantio das mudas de acordo com as informações no anexo.
Atenção: Após um mês do plantio, deve-se percorrer a área plantada e avaliar a porcentagem de falhas. Caso as falhas sejam superiores a 5%, fazer um replantio de todas as falhas.

2.11. Principais tratos culturais:

Capinar as ervas daninhas, combater as formigas, irrigar nos primeiros meses até que o nim possa encontrar suficiente umidade no solo, fazer adubação de manutenção anualmente com a mesma quantidade de adubo orgânico da fundação na projeção da copa, acompanhado de uma irrigação e podas periódicas.

2.12. Pragas e doenças:
O nim é praticamente imune a pragas e doenças.

2.13. Colheita:

2.13.1. Parte colhida:
O que se colhe do nim, para fins medicinais, são as folhas.

2.13.2. Época de colheita:
A colheita pode ser feita em qualquer época do ano.

2.13.3. Início da colheita:
Ela pode ser iniciada no terceiro ano após o plantio da muda.

2.13.4. Forma de colheita:
A colheita é feita com as retiradas de galhos para posterior retirada das folhas.

2.13.5. Informações complementares:
A floração e a frutificação podem ocorrer entre três e quatro anos após o plantio da muda. Em geral, a frutificação ocorre uma vez por ano.

3. EXIGÊNCIAS DE CULTIVO DO NIM

3.1. Clima:
O nim é uma planta de clima tropical.

3.2. Solo:
O nim adapta-se a quase todo tipo de solo, mas não tolera solos encharcados e salinos.

3.3. Luz:
Pode receber sol o dia todo, pois é uma planta de luz plena.

3.4. Irrigação:

Recomenda-se irrigar periodicamente no verão no primeiro ano de implantação.

4. MÉTODO DE PRODUÇÃO DE MUDA DO NIM

4.1. Propagação:

A propagação do nim é feita por semente.

4.2. Como produzir as mudas do nim:

No preparo das mudas, devem ser utilizados sacos de polietileno com as dimensões aproximadas de 13cm x 25cm, preenchidos com mistura geralmente composta de 2 partes de barro, 2 partes de areia e 1 parte de esterco.

4.3. Procedimento:

1. Colher frutos recém-maduros, despolpar e lavar imediatamente.
2. Semear uma a duas sementes diretamente no saco plástico previamente preparado. Esta semeadura deve ocorrer o mais rápido possível, pois as sementes perdem sua viabilidade rapidamente;
3. Esta semeadura deve ocorrer colocando-se a parte pontiaguda para baixo, para evitar deformações na semente durante a germinação e crescimento do nim;
4. Manter o saco plástico com as sementes na sombra e regá-las;
5. Após a germinação e um pouco de desenvolvimento de mais de uma muda, desbastar uma e deixar a melhor;
6. Continuar mantendo as mudas à sombra e regá-las;
7. Quando a muda estiver bem desenvolvida e atingir 50cm de altura, levar para o local definitivo.

5. USO ALTERNATIVO DO NIM

5.1. Controlar pulgões e gafanhotos.
Despolpar 50 gramas de sementes do nim. Colocar para secar à sombra. Moer e deixar repousar (amarradas em um pano) em 1 litro de água por 1 dia. Coar e pulverizar sobre as plantas atacadas.

5.2. Controlar pulgões e gafanhotos.
Colocar 5 quilos de sementes secas e moídas do nim em um saco de pano, amarrar e colocar em 5 litros de água. Depois de 12 horas, espremer e dissolver 10 gramas de sabão neste extrato. Misturar bem e acrescentar água para obter 500 litros de preparado. Aplicar sobre as plantas atacadas, imediatamente.

5.3. Controlar lagartas e larvas de insetos.
Bater no liquidificador 2 quilos de folhas do nim com água. Deixar em maceração por uma noite com um pouco mais de água. Coar e diluir com água para obter 15 litros do preparado. Fazer pulverizações nas plantas atacadas.

5.4. Controlar carrapatos.
Misturar 150 gramas de folhas secas trituradas com 50 gramas de sabão em pó em 20 litros de água. Deixar em repouso por 12 horas, em ambiente escuro. Coar e pulverizar o gado.

5.5. Proteger roupas e papéis dos fungos e do mofo.
Colocar folhas frescas do nim dentro de armários e guarda-roupas. Substituir as folhas periodicamente.

5.6. Perfumar as roupas e protegê-las contra as traças.
Colocar folhas secas do nim e folhas secas de lavanda dentro de um saco de pano e guardar dentro do guarda-roupa. Substituir as folhas depois de algum tempo.

QUEBRA-PEDRA

1. ASPECTOS BOTÂNICOS DO QUEBRA-PEDRA

1.1. Nome científico:
Phyllanthus amarus Schum *et* Thorn.
Saiba mais: O nome quebra-pedra designa, além desta espécie, várias outras do mesmo gênero *Phyllanthus,* todas muito parecidas entre si. Veja outras espécies de quebra-pedra: *Phyllanthus urinaria* na Amazônia, *Phyllanthus miruri* nos Estados do Centro e Sul, *Phyllanthus tenellus* no Sul e Sudeste, *Phyllanthus sellowianus, Phyllanthus orbiculatus, Phyllanthus asperulatus, Phyllanthus filiformis, Phyllanthus lathyroides* e algumas outras.

1.2. Família:
Euphorbiaceae

1.3. Sinonímias científicas:
Não constam na literatura consultada.

1.4. Sinonímias populares:
Erva-pompinha, arrebenta-pedra, arranca-pedra.

1.5. Origem:
Planta nativa das Américas.

1.6. Descrição da planta:
O quebra-pedra é uma erva monoica. Possui haste erecta, fina e ramosa.
Os ramos são alternos.
As folhas são pequenas, dispostas ao longo dos ramos, lembrando folhas compostas.
As flores são pequenas, monoicas e curtopediculadas.
Saiba mais: É muito comum o quebra-pedra crescer espontaneamente, após o período das chuvas, em terrenos desocupados, margens de calçadas, quintais e jardins.

2. ASPECTOS AGRONÔMICOS DO QUEBRA-PEDRA

2.1. Ciclo da planta:
O quebra-pedra é uma planta anual.

2.2. Época de plantio:
Em nossas condições, dispondo de água, pode ser plantada durante o ano inteiro. Embora o quebra-pedra seja uma planta anual, isto é, viva apenas durante um certo período do ano, desaparece no período seco para reaparecer após as primeiras chuvas. Pode-se cultivar o quebra-pedra no período seco, especialmente no verão, desde que haja sementes para preparar as mudas.

2.3. Forma de plantio:
O quebra-pedra é cultivado em canteiro previamente preparado. Pode ocorrer espontaneamente em outros canteiros e solos cultivados.

2.4. Como construir os canteiros:
Veja estas informações no anexo.

2.5. Adubação dos canteiros:
Distribuir de maneira uniforme 10 litros de esterco de gado curtido, ou 15 litros de composto por metro quadrado.

2.6. Escolha das mudas:
As mudas devem ser bem formadas e autênticas.

2.7. Espaçamento:
Recomenda-se adotar o espaçamento de 30cm entre plantas e 20cm entre fileiras.

2.8. Quantidade de mudas por metro quadrado:
Haverá a necessidade de 12 mudas por metro quadrado.

2.9. Como fazer o plantio das mudas:

Realizar o plantio das mudas de acordo com as informações no anexo.

2.10. Principais tratos culturais:

Os tratos culturais são basicamente irrigação nos períodos secos, retirada manual das ervas daninhas competidoras, combate às formigas, colheita de plantas para secagem e produção de sementes e rotação de cultura.

2.11. Pragas que podem atacar o quebra-pedra:

As formigas cortadeiras são as grandes inimigas do quebra-pedra.

2.12. Doenças que podem afetar o quebra-pedra:

Doenças fúngicas em tempo úmido e quente.

2.13. Controle:

Uso de alternativas para o controle de pragas. Veja nos anexos uma coletânea de receitas de uso alternativo para o controle de pragas e doenças de plantas cultivadas.

2.14. Colheita:

2.14.1. Parte colhida:

O que se colhe do quebra-pedra, para fins medicinais, são as raízes ou as folhas e sementes, ou a planta toda.

2.14.2. Época de colheita:

A colheita pode ser feita em qualquer época do ano.

2.14.3. Início da colheita:

A colheita é feita três meses após o plantio da muda.

2.14.4. Forma de colheita:

A colheita é feita arrancando-se a planta inteira ou cortando-se a parte aérea.

2.14.5. Horário da colheita:
Colher na parte da manhã, assim que o sol nascer.

2.14.6. Informações complementares:
O quebra-pedra é uma planta de colheita única.

3. EXIGÊNCIAS DE CULTIVO DO QUEBRA-PEDRA

3.1. Clima:
O quebra-pedra é uma planta de clima tropical.

3.2. Solo:
O solo do canteiro deve ser leve, solto e rico em matéria orgânica.

3.3. Luz:
O quebra-pedra pode receber sol o dia todo, pois é uma planta de luz plena.

3.4. Irrigação:
Recomenda-se irrigar diariamente na fase inicial e, posteriormente, quatro vezes por semana.

4. MÉTODO DE PRODUÇÃO DE MUDA DO QUEBRA-PEDRA

4.1. Propagação:
A propagação do quebra-pedra é feita por sementes. As sementes perdem rapidamente o poder germinativo, devendo ser semeadas após a secagem.

4.2. Como produzir as mudas do quebra-pedra:
No preparo das mudas, devem ser utilizados sacos de polietileno com as dimensões aproximadas de 13cm x 21cm, preenchidos com mistura geralmente composta de 2 partes de barro, 2 partes de areia e 1 parte de esterco.

4.3. Procedimentos:

1. Colher a parte aérea de plantas bem formadas;
2. Colocar para secar em um local sombreado e ventilado;
3. Separar as sementes com uma peneira pequena;
4. Semear as sementes a lanço em uma sementeira;
5. Regar a sementeira regulamente;
6. Transplantar as mudinhas da sementeira para um saco plástico;
7. Quando a muda estiver bem desenvolvida, levá-la para o canteiro.

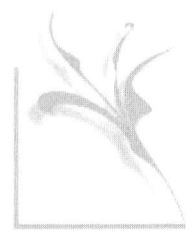

ROMÃZEIRA

1. ASPECTOS BOTÂNICOS DA ROMÃZEIRA

1.1. Nome científico:
Punica granatum L.

1.2. Família:
Punicaceae

1.3. Sinonímias científicas:
Não constam na literatura consultada.

1.4. Sinonímias populares:
Romã, romanzeira, romeira, granada, miligrada, milagreira, miligrã, romeira-de-granada, miligrana, miligrã.

1.5. Origem:
Planta originária da Ásia.
Saiba mais: A romãzeira é cultivada em quase todo o mundo, seja como planta medicinal, seja como planta ornamental.

1.6. Descrição da planta:
A romãzeira é um arbusto, ereto, que atinge de 4 a 6 metros de altura e é bastante ramificado. Possui ramos espinhosos de cascas avermelhadas quando jovem e acinzentadas quando adultos.
As folhas são opostas, inteiras, curto-pecioladas e de cor verde. Nas extremidades dos ramos surgem grandes flores solitárias com corola composta de cinco pétalas vermelho-escarlates.
Os frutos são bagas de casca dura e de tonalidade amarela com manchas verdes, contendo numerosas sementes envolvidas por um líquido adocicado.
Saiba mais: Os antigos diziam que as romãzeiras traziam felicidade e harmonia para os lares, por isso em quase todas as casas era cultivado um pé de romãzeira no jardim ou no quintal e, ainda hoje, guarda-se a superstição de que é bom trazer consigo, na passagem do ano, uma sacolinha com sementes de romã.

2. ASPECTOS AGRONÔMICOS DA ROMÃZEIRA

2.1. Ciclo da planta:
A romãzeira é uma planta perene.

2.2. Época de plantio:
Em nossas condições, dispondo de água, pode ser plantada o ano inteiro.

2.3. Forma de plantio:
A romãzeira é plantada em cova previamente preparada.

2.4. Escolha das mudas:
As mudas devem ser vigorosas, bem formadas e sadias, devendo ter uma boa procedência para a implantação e para serem produzidas no próprio local posteriormente. Veja como produzir as mudas da romãzeira no método de produção de mudas.

2.5. Espaçamento:
Recomenda-se adotar o espaçamento de 3,0m entre plantas e 3,0m entre fileiras.

2.6. Marcação das covas:
Realizar a marcação das covas de acordo com as informações no anexo.

2.7. Tamanho da cova:
Recomenda-se adotar 40cm x 40cm de boca e 40cm de profundidade.

2.8. Preparação das covas:
Preparar as covas de acordo com as informações no anexo.

2.9. Adubação da cova:
Usar 15 litros de esterco de gado curtido, ou 20 litros de composto.

2.10. Como fazer o plantio das mudas:
Realizar o plantio das mudas de acordo com as informações no anexo.

2.11. Principais tratos culturais:
Os tratos culturais restringem-se às capinas, às irrigações na fase inicial e na estação seca, à adubação de manutenção, à retirada de galhos secos improdutivos para arejar a romãzeira e ao combate às formigas, seu grande inimigo.

2.12. Adubação de manutenção:
Recomenda-se repetir, no mínimo anualmente, a mesma aplicação de adubo orgânico da fundação na projeção da copa, acompanhada de uma irrigação.

2.13. Praga que ataca a romãzeira:
As formigas têm grande atração pela folhas da romãzeira.

2.14. Controle:
Fazer o uso de alternativas para o controle de pragas. Veja nos anexos uma coletânea de receitas de uso alternativo para o controle de pragas e doenças de plantas cultivadas.

2.15. Doenças que podem afetar a romãzeira:
A doença mais comum é antracnose.

2.16. Controle:
Para antracnose, pulverizar Agrinose.

2.17. Colheita:

2.17.1. Parte colhida:
O que se colhe da romãzeira, para fins medicinais, são os frutos.

2.17.2. Época de colheita:
A colheita pode ser feita em qualquer época do ano.

2.17.3. Início da colheita:
Os primeiros frutos são colhidos após o segundo ano do plantio da muda.

2.17.4. Forma de colheita:
A colheita é feita manualmente, com a retirada dos frutos.

2.17.5. Informações complementares sobre a colheita:
A colheita deve ser realizada preferencialmente com frutos maduros, sem deixar que amadureçam demais no pé. As cascas são separadas das sementes com uma faca inox e postas a secar.

3. EXIGÊNCIAS DE CULTIVO DA ROMÃZEIRA

3.1. Clima:
A romãzeira é uma planta de clima tropical.

3.2. Solo:
A romãzeira adapta-se aos mais variados tipos de solo.

3.3. Luz:
Pode receber sol o dia todo, pois é uma planta de luz plena.

3.4. Irrigação:
Recomenda-se irrigar diariamente a parte interna da bacia até o pegamento da muda. Irrigar as mudas pegadas na projeção da copa e ir se distanciando do tronco à medida que o sistema radicular vai se desenvolvendo. Esta irrigação deve ocorrer no mínimo três vezes por semana na estação seca.

4. MÉTODO DE PRODUÇÃO DE MUDA DA ROMÃZEIRA

4.1. Propagação:
A propagação da romãzeira é feita por sementes, estaquia ou alporquia.

4.2. Como produzir as mudas da romãzeira:

No preparo das mudas, devem ser utilizados sacos de polietileno com as dimensões de 13cm x 21cm, preenchidos com mistura geralmente composta de 2 partes de barro, 2 partes de areia e 1 parte de esterco.

4.3. Procedimento de produção de mudas por sementes:

1. Semear no próprio saco plástico duas sementes;
2. Deixar o saco da muda na sombra, e regá-la frequentemente;
3. Após a germinação e com um pouco de desenvolvimento da mudinha, fazer um desbaste e deixar apenas uma muda por saco, a mais vigorosa;
4. Quando a muda estiver bem desenvolvida, levá-la para o local definitivo.

4.4. Procedimento de produção de mudas por estaquia:

1. Retirar com uma tesoura de poda um pedaço de galho necessário para multiplicação. O galho deve ter em torno de 15cm de comprimento e conter gemas;
2. Escolher galhos bem expostos à luz, situados na parte mediana da planta, eliminando os pedaços de galhos mais herbáceos, ou seja, os galhos ponteiros;
3. Retirar as folhas do galho;
4. Enterrar 1/3 do galho no saco plástico previamente preparado. O galho não deve ficar folgado no saco, para isso, apertar bem com as mãos a terra em volta do galho plantado;
5. Manter a muda na sombra, regando-a frequentemente;
6. Evitar tocar e não deslocar o galho plantado na hora da irrigação;
7. Quando a muda estiver bem desenvolvida, levá-la para o local definitivo. A brotação do galho não indica necessariamente a formação de raízes, somente após a formação de novos ramos pode-se supor o enraizamento.

4.5. Procedimento de produção de mudas por alporquia:

1. Escolher um galho para fazer alporquia, de preferência um galho lateral grande e saudável;

2. Calcular de 15 a 30cm, a partir da ponta do galho, e desfolhar uma parte, de modo que fique área livre para trabalhar;

3. Fazer um corte firme, de baixo para cima, cortando uns 5cm de largura em toda a extensão do diâmetro, tomando-se o cuidado de não deixar nenhum fiapo de casca;

4. Retirar o anel da casca; a região do galho deve ser envolvida com uma bola de fibra, que deve ser previamente encharcada com água durante pelo menos 12 horas. A bola de fibra deve ser igual a quatro vezes o diâmetro do galho;

5. Sobre a bola de fibra, prender um pedaço de plástico transparente, formando um saquinho. O pedaço de plástico deve ser amarrado com barbante em ambas as extremidades;

6. Esperar o enraizamento;

7. Colocar o galho enraizado em uma pequena cova dentro de um saco plástico previamente preparado;

8. Manter a muda na sombra, regando-a frequentemente;

9. Quando a muda estiver bem desenvolvida, levá-la para o local definitivo.

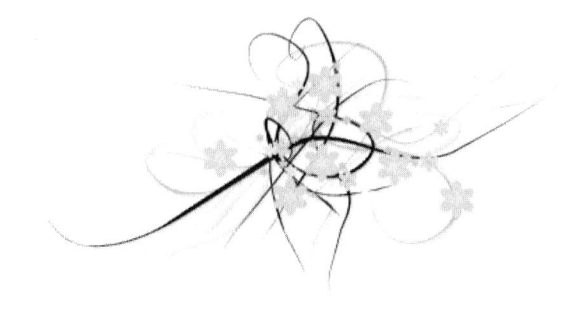

Anexos

ANEXO 1
INFORMAÇÕES SOBRE CANTEIROS

1. Local do canteiro

1.1. Situação
1.1.1. Aberto para receber luz do sol.

1.1.2. Próximo a uma fonte de água para irrigação.

1.1.3. Distante de fossas, esgotos, chiqueiros, lixos e beira de estrada.

1.1.4. Protegido de ventos fortes.

1.1.5. Cercado para impedir a entrada de animais.

1.2. Topografia
1.2.1. O terreno deve ser plano.

1.3. Natureza do terreno para os canteiros no chão
1.3.1. Apropriado para o cultivo e não excessivamente argiloso.

1.3.2. Dotado de boa capacidade de drenagem.

1.3.3. Possuir uma razoável fertilidade.

1.4. Natureza do terreno para os canteiros de alvenaria

Fácil de trabalhar, ou seja, sem muitas pedras e não excessivamente argiloso, pois teremos escavações, e os canteiros, que são de alvenaria, obedecerão às técnicas da construção civil.

Eles são verdadeiros jarrões, pois o solo destes canteiros é escolhido e preparado de acordo com as necessidades das plantas de pequeno porte e raízes pequenas e finas, logo o solo do terreno praticamente não é utilizado.

2. Tamanho do canteiro

O tamanho do canteiro depende da área física do terreno e da quantidade de mudas a serem plantadas, mas é bom ressaltar que cada canteiro deve ter um metro de largura e o comprimento variável. Sugerimos, no entanto, um comprimento nunca superior a 10 metros. Um canteiro de 10m^2 é um tamanho ideal, pois facilita os trabalhos e o estudo de produção de massa verde por metro quadrado.

3. Tipos de canteiros sugeridos

3.1. Construção de canteiros de solo

Procedimento:

1. Preparar a área destinada à construção dos canteiros, retirando as plantas indesejáveis e as mais rasteiras com a enxada, de modo que arranque até as raízes;
2. Retirar os entulhos e deixar a área limpa;
3. Determinar o número de canteiros;
4. Fazer as marcações dos canteiros, deixando um metro de largura; o comprimento pode variar;
5. Revolver o solo com a enxada, a uma profundidade de 20 a 30cm, desfazendo os torrões com um ciscador e aproveitando para deixar o solo o mais solto e fofo possível. Pode receber um pouco de areia quando o solo for muito argiloso;

6. Deixar os canteiros a uma altura de 15cm, largura de um metro e o comprimento variável, pois dependerá da área disponível, nunca acima de 10 metros;
7. O espaço entre canteiros é de 50 a 70cm;
8. Incorporar o adubo orgânico ao solo, fazendo uma boa mistura;
9. Nivelar o canteiro com um ciscador;
10. O que se segue é a preparação para o plantio das mudas e os tratos culturais.

3.2. Construção de canteiros com contorno de tijolo furado

Procedimento:
1. Preparar a área destinada à construção dos canteiros, retirando as plantas indesejáveis e as mais rasteiras com a enxada, de modo que arranque até as raízes;
2. Retirar os entulhos e deixar a área limpa;
3. Determinar o número de canteiros;
4. Fazer as marcações dos canteiros, deixando um metro de largura e o comprimento variável, mas continuamos sugerindo 10m de comprimento;
5. Levantar os canteiros com tijolo furado, um a um, enterrando 1/3 e sempre nivelando com um cordão e utilizando-se da ajuda de um nível;
6. Fazer a emenda dos tijolos com argamassa;
7. Deixar sempre um metro de largura (dentro a dentro), o que corresponde a cinco tijolos; o comprimento dependerá do local (nunca acima de 10 metros);
8. Fazer uma pequena escavação dentro do canteiro já pronto, caso o solo seja muito argiloso;
9. Encher os canteiros com areia;
10. Incorporar o adubo orgânico à areia e fazer uma boa mistura;
11. Nivelar o canteiro com um ciscador;
12. O que se segue é o plantio das mudas e os tratos culturais.

3.3. Construção de canteiros de alvenaria com reboco

Procedimento:
1. Levantar o canteiro com tijolos e argamassa com o auxílio de um especialista, ou seja, um pedreiro.
2. Orientar o pedreiro para deixar um metro de largura, de dentro a dentro; o comprimento pode variar, caso faça a opção de 10 metros de comprimento, ele também deve ser de dentro a dentro;
3. Após construído o canteiro, encher com areia própria para o cultivo de plantas pequenas e de raízes finas;
4. Incorporar o adubo orgânico à areia e fazer uma boa mistura;
5. Nivelar o canteiro com um ciscador;
6. O que se segue é o plantio das mudas e os tratos culturais.

4. Plantio de mudas em canteiros

Procedimentos:
1. Preparar previamente o canteiro com uma adubação orgânica;
2. Fazer uma boa incorporação do adubo orgânico com a areia do canteiro;
3. Deixar o canteiro fofo e nivelado;
4. Irrigar o canteiro nos dias que antecederem o plantio das mudas (aproximadamente quinze dias);
5. Usar um cordão para guardar o alinhamento e usá-lo também para guardar o espaçamento entre as linhas de acordo com o espaçamento adotado para a cultura;
6. Usar um marcador nas linhas para guardar o espaçamento entre plantas de acordo com o adotado para a cultura;
7. Nos locais marcados, fazer pequenas covas, um pouco maiores que o torrão das mudas que serão plantadas;
8. Escolher as mudas bem formadas, novas e sadias;
9. Distribuir as mudas na proximidade das pequenas covas, uma a uma;

10. Retirar o saco plástico das mudas, procurando não quebrar o torrão;
11. Plantar uma a uma as mudas nas pequenas covas;
12. Apertar com as mãos as mudas plantadas para ajudar na sua fixação;
13. Regar bem o canteiro logo após o plantio das mudas;
14. Concluir o plantio das mudas até as 10 horas da manhã;
15. Fazer o registro da data do plantio em formulário próprio;
16. O que se segue são os tratos culturais e a colheita.

ANEXO 2
INFORMAÇÕES SOBRE COVAS

1. Local da cova

1.1. Situação
1.1.1. Aberto para receber luz do sol.
1.1.2. Próximo a uma fonte de água para irrigação.
1.1.3. Cercado para impedir a entrada de animais.

1.2. Topografia
1.2.1. O terreno deve ser de plano a levemente inclinado.

1.3. Natureza do terreno
1.3.1. Possuir solo profundo.
1.3.2. Dotado de boa capacidade de drenagem.
1.3.3. Possuir uma razoável fertilidade.

2. Tamanho da cova
O tamanho da cova varia com a textura e a estrutura do solo, e também com o porte da planta.

3. Marcação das covas

Procedimento:
1. Preparar duas varas bem retas do comprimento do espaçamento adotado pela cultura;
2. Preparar as estacas para a marcação das covas;
3. Alinhar o lodo mais comprido do terreno com um barbante;
4. Marcar a primeira cova, colocando a vara da distância entre as linhas sobre o terreno;
5. Colocar a vara da distância entre as plantas perpendiculares à extremidade da outra vara;
6. Colocar uma estaca no lugar de encontro das varas, marcando assim o lugar da primeira cova, sendo que as varas devem formar um ângulo reto;
7. Marcar a outra cova;
8. Deslocar a vara da distância entre as plantas;
9. Deslocar a vara da distância entre as linhas, formando um ângulo reto;
10. Colocar a estaca, marcando o local da segunda cova, continuando a marcação até completar a linha;
11. Marcar a primeira cova da segunda linha;
12. Colocar a extremidade da vara da distância entre as linhas na primeira estaca. A vara faz um ângulo reto com o alinhamento das estacas;
13. Colocar a extremidade da vara da distância entre as plantas na estaca;
14. Marcar a segunda cova, procedendo como a primeira;
15. Prosseguir assim até marcar todo o terreno.
16. O que se segue é a abertura das covas.

4. Preparação das covas

Procedimento:
1. Preparar a área destinada ao plantio;
2. Fazer a marcação das covas, observando o espaçamento da cultura;

3. Fazer a abertura das covas, com tamanho de 40cm x 40cm ou 50cm x 50cm de boca e 40cm ou 50cm de profundidade;
4. Separa o solo superficial, ou seja, aquele localizado nos primeiros 20 a 25cm, de um lado da cova e o subsolo do outro;
5. Misturar o adubo orgânico com o solo superficial;
6. Deixar a mistura obter uma cor homogênea;
7. Colocar a mistura dentro da cova, caso seja insuficiente raspar a terra superficial em volta da cova, e completar o enchimento. Fazer este procedimento 20 a 30 dias antes do plantio. Quando as mudas forem em pequena quantidade, as covas podem ser abertas e adubadas no mesmo dia do plantio;
8. Espalhar o subsolo no terreno;
9. Colocar um tutor indicativo;
10. Irrigar as covas nos dias que antecederem o plantio;
11. O que se segue é o plantio das mudas.

5. Plantio de mudas em covas

Procedimentos:
1. Fazer uma pequena cova, dentro da cova principal já previamente preparada;
2. Escolher mudas bem formadas, novas e sadias;
3. Distribuir as mudas nas proximidades das covas para facilitar o plantio;
4. Retirar o saco plástico da muda, procurando não quebrar o torrão;
5. Segurar a muda pelo torrão, nunca pela haste;
6. Colocar a muda dentro da pequena cova e no centro da cova principal na posição vertical;
7. Manter a muda plantada sempre no prumo;
8. Comprimir bem a terra ao redor da muda plantada, inicialmente com as mãos e posteriormente com os pés, para evitar a formação de ar e o afundamento da muda;
9. Deixar o colo da muda plantada ao nível do solo ou um pouco acima;
10. Construir uma bacia em torno da muda plantada para receber a água da irrigação quando necessário;

11. Cobrir a parte interna da bacia com palha seca;
12. Colocar um tutor de sustentação para forçar o crescimento correto da futura planta;
13. Amarrar a muda plantada ao tutor fazendo um nó em forma de "8" deitado um pouco frouxo para não machucar a muda plantada;
14. Irrigar bem a muda plantada após o plantio;
15. Procurar concluir o plantio no máximo até as 10 horas da manhã;
16. Fazer um registro da data do plantio em formulário próprio;
17. O que se segue são os tratos culturais e a colheita.

ANEXO 3
RECEITAS ALTERNATIVAS COM PLANTAS MEDICINAIS PARA O CONTROLE DE PRAGAS E DOENÇAS DE PLANTAS CULTIVADAS

AÇAFROA
(Curcuma longa)

Combater os ácaros
Picar 100 gramas de rizoma da açafroa. Misturar com 1 litro de urina de vaca. Diluir 1 litro deste preparado em até 6 litros de água. Coar bem. Usar na forma de inseticida e repelente natural.

ALHO
(Allium sativum)

Repelir os insetos, as bactérias, os fungos, inibir a digestão nos insetos
Amassar 3 cabeças de alho. Misturar com 2 colheres de sopa de parafina líquida. Diluir em 10 litros de água, juntamente com 1 colher de sopa de sabão de coco picado. Fazer pulverizações nas plantas atacadas.

Controlar os pulgões e a ferrugem

Moer bem 100 gramas de alho. Colocar em uma vasilha e misturar com 2 colheres de café de óleo mineral. Deixar em repouso por 24 horas. À parte, dissolver 10 gramas de sabão de coco em meio litro de água. Misturar e filtrar. Diluir em 10 litros de água e fazer pulverizações nas plantas atacadas.

Controlar os pulgões e a ferrugem

Dissolver totalmente 50 gramas de sabão de coco em 4 litros de água quente. Juntar com 2 cabeças de alho finamente picadas. Colocar 4 colheres das de chá de pimenta vermelha picada. Fazer uma boa mistura. Coar com um pano fino. Fazer pulverizações nas plantas atacadas.

Controlar os pulgões e as lagartas

Amassar bem 4 bulbos de alho em uma vasilha e colocar 1 litro de água. Deixar em maceração por 12 dias e coar. Misturar em 10 litros de água. Fazer pulverizações nas plantas atacadas.

Controlar as pragas em geral

Colocar 100 gramas de alho em um litro de álcool e deixar em maceração. Ao mesmo tempo, colocar 100 gramas de pimenta moída também em outro litro de álcool e também deixar em maceração. Colocar os macerados em um local escuro, agitando uma a duas vezes por dia. No final de uma semana, dissolver totalmente 50 gramas de sabão neutro em 1 litro de água quente. Na hora da aplicação, juntar as três partes na seguinte proporção: 200ml de extrato de pimenta, 100ml de extrato de alho e toda a solução de sabão. Esta mistura é diluída em 20 litros de água. Fazer pulverizações nas plantas atacadas.

ANGICO
(*Piptadenia spp.*)

Controlar as formigas cortadeiras e as saúvas
Colocar de molho 1 quilo de folhas de angico em 10 litros de água, por 1 dia. Coar e usar na proporção de 1 litro do macerado por metro quadrado de formigueiro.

ARRUDA
(*Ruta graveolens*)

Controlar os pulgões
Colocar 100 gramas de folhas picadas da arruda em uma vasilha. Adicionar 1 litro de água fervente. Abafar e deixar em maceração por 24 horas. Coar, misturar com 10 litros de água e pulverizar as plantas atacadas.

Repelir as formigas
Coar o macerado visto anteriormente, misturar com 10 litros de água e colocar dentro dos formigueiros.

Repelir diversos tipos de insetos
Coar o macerado visto anteriormente, misturar com 10 litros de água e fazer pulverizações.

CAMOMILA
(*Matricaria chamomilla*)

Controlar as doenças fúngicas
Colocar um punhado de flores secas da camomila em 2 litros de água e deixar em maceração por 2 dias. Coar e pulverizar as plantas atacadas, 3 vezes a cada 5 dias. Este tratamento é feito principalmente em mudas em sementeiras.

Proteger os cortes feitos por podas em ramos e troncos doentes
Fazer um chá concentrado por infusão das flores secas da camomila. Depois misturar em partes iguais barro, esterco, areia fina e o chá da camomila. Deixar formar uma pasta e aplicar no local afetado.

CAPIM-SANTO
(Cymbopogon citratus)

Inseticida natural
Colocar para secar as folhas do capim santo, reduzir a pó e queimar.

CAPUCHINHA
(Tropaeolum majus)

Repelir os nematoides
Cultivar a capuchinha estrategicamente entre as culturas, visando repelir os nematoides.

CATINGA-DE-MULATA
(Tanacetum vulgare)

Afastar os insetos voadores
Cultivar a catinga-de-mulata estrategicamente entre as culturas, visando afastar os insetos voadores.

Repelir as formigas
Cultivar a catinga-de-mulata estrategicamente para repelir as formigas.

CAVALINHA
(Equisetum arvense)

Combater os fungos do solo, especialmente em canteiros
Colocar para ferver 200 gramas de caule com ramificação seca da cavalinha em 10 litros de água. Ferver por 20 minutos. Abafar e coar.

Aplicar no solo e ao redor do pé da planta, de preferência molhar bem. Para melhores resultados, no dia anterior encharcar bem a área. Fazer o tratamento por vários dias.

CEBOLINHA
(Allium fistulosum)

Controlar os pulgões e as lagartas
Colocar 1 quilo de cebolinha cortada em pequenos pedaços em 10 litros de água, por uma semana. Coar e misturar 1 litro do macerado para cada 3 litros de água e fazer pulverizações nas plantas atacadas.

CHAPÉU-DE-NAPOLEÃO
(Thevetia neriifolia)

Controlar os pulgões e as cochonilhas
Chá um chá concentrado por infusão das folhas do chapéu-de-napoleão. Coar e pulverizar as plantas atacadas. Fazer o tratamento por vários dias.

CHUCHU
(Sechium edule)

Controlar as lesmas e os caracóis
Usar uma pequena vasilha com pedaços do fruto do chuchu em um pouco de cerveja e sal. Depois, é só catá-los e destruí-los.

CINAMOMO
(Melia azedorach)

Controlar os pulgões
Deixar em maceração por uma semana 200 gramas de fruto do cinamomo em 1 litro de álcool. Coar e diluir em 20 litros de água e fazer pulverizações nas plantas atacadas.

CONFREI
(*Symphytum officinali*)

Controlar os pulgões
Passar no liquidificador 1 quilo de folhas de confrei com água suficiente para formar um suco e deixar em maceração por 10 dias. Acrescentar 10 litros de água e coar. Fazer pulverizações nas plantas atacadas.

CORDÃO-DE-FRADE
(*Leonotis nepetaefolia*)

Repelir os insetos
Parte usada do cordão-de-frade: A própria planta.
Forma de uso: Utilizar o controle alternativo.
Modo de preparar/como usar: Cultivar o cordão-de-frade estrategicamente entre as culturas, visando repelir os insetos.

CRAVO-DE-DEFUNTO
(*Tagetes minuta*)

Repelir os insetos
A própria planta usada em bordadura das culturas, principalmente no florescimento, visando repelir os insetos.
Deixar em maceração por 12 horas 200 gramas de planta verde em 1 litro de álcool. Coar e diluir em 20 litros de água e fazer pulverizações nas plantas atacadas.

Repelir os nematoides
Coar o extrato visto anteriormente, diluir em 20 litros de água e aplicar no solo.
Cultivar o cravo de defunto, pois atrai para si os nematoides, protegendo as plantas vizinhas.

ESPORINHA
(Delphinium ajacis)

Controlar os gafanhotos
Cortar as esporinhas em floração e distribuir nos locais de maior ocorrência dos gafanhotos, especialmente nas fases de larvas e soltões.

FUMO
(Nicotiana tabacum)

Controlar as cochonilhas
Picar 2cm de fumo de rolo e colocar em 2 litros de água. Levar ao fogo e ferver por 5 minutos. Abafar e deixar esfriar. Coar e acrescentar 3 colheres das de sopa de óleo mineral. Fazer pulverizações nas plantas atacadas.

Controlar os pulgões
Picar 10cm de fumo de rolo e colocar em uma vasilha. Cobrir com álcool misturado com um pouco de água. Quando o fumo absorver o álcool, colocar mais álcool misturado com água e deixar em maceração e tampado por 15 dias. Misturar um copo do macerado com 250 gramas de sabão e 10 litros de água. Fazer pulverizações nas plantas atacadas.

Controlar os trips, os pulgões, as lagartas, os ácaros, os minadores de folhas
Misturar 1 quilo de folhas e talos de fumo com 15 litros de água. Acrescentar 50 gramas de sabão. Deixar esta mistura em maceração durante 24 horas. Coar e fazer pulverizações nas plantas atacadas.

Controlar os trips, os pulgões, as lagartas, os ácaros, os minadores de folhas
Misturar 250 gramas de fumo de rolo e 30 gramas de sabão em 4 litros de água. Colocar para ferver durante meia hora. Coar e diluir um litro

do concentrado em 4 litros de água e acrescentar uma colher das de sopa de cal hidratado. Fazer pulverizações nas plantas atacadas.

Controlar as cochonilhas com carapaça e os ácaros

Colocar para ferver 20 colheres das de sobremesa de querosene, 3 colheres de sopa de sabão em pó em 10 litros de água. Deixar esfriar e adicionar um litro de macerado de fumo. Fazer pulverizações nas plantas atacadas.

Controlar os ácaros

Misturar meia barra de sabão, 1 litro de macerado de fumo, 1 quilo de enxofre em 10 litros de água morna. Deixar esfriar e pulverizar sobre as plantas atacadas.

Controlar os pulgões

Colocar 200 gramas de fumo de rolo picado em 1 litro de álcool e deixar em maceração por uma semana. Deixar o macerado em um local escuro. Coar e dissolver 200ml do extrato em 10 litros de água e um pouco de sabão em pó. Fazer pulverizações nas plantas atacadas.

GERGELIM
(*Sesamum indicum*)

Controlar as formigas

Colocar sementes de gergelim próximas ao carreiro das formigas. Deve-se testar diferentes dosagens, em função do tamanho do formigueiro.

LOSNA
(*Artemisia absinthium*)

Controlar as lagartas, as lesmas, os pulgões e as cochonilhas

Colocar para cozinhar meio quilo de folhas frescas da losna em 1 litro de água. Ferver por 3 minutos. Coar e diluir em 10 litros de água. Fazer pulverizações nas plantas atacadas.

MANDIOCA
(*Manihot esculenta*)

Controlar as formigas
Utilizar 2 litros de manipueira no formigueiro por cada olheiro. Repetir 5 dias após.

Tratamento do canteiro contra pragas do solo
Utilizar 4 litros de manipueira por metro quadrado, 15 dias antes do plantio.

Controlar os ácaros, os pulgões e as lagartas em plantas
Usar uma parte de manipueira e uma parte de água e misturar com um pouco de farinha de trigo em pulverização a cada 14 dias.

Controlar os ácaros e os pulgões
Usar uma parte de manipueira e quatro partes de água, misturar e fazer pulverização a cada 14 dias.

NIM
(*Azadirachta indica*)

Controlar os pulgões e os gafanhotos
Despolpar 50 gramas de sementes do nim. Colocar para secar à sombra. Moer e deixar repousar (amarradas em um pano) em 1 litro de água por 1 dia. Coar e pulverizar sobre as plantas atacadas.

Controlar os pulgões e os gafanhotos
Colocar 5 quilos de sementes secas do nim moídas em um saco de pano, amarrar e colocar em 5 litros de água. Depois de 12 horas, espremer e dissolver 10 gramas de sabão neste extrato. Misturar bem e acrescentar água para obter 500 litros de preparado. Aplicar sobre as plantas atacadas, imediatamente.

Controlar as lagartas e larvas de insetos

Bater no liquidificador 2 quilos de folhas do nim com água. Deixar em maceração por uma noite com um pouco mais de água. Coar e diluir com água para obter 15 litros do preparado. Fazer pulverizações nas plantas atacadas.

PIMENTA-DO-REINO
(*Piper nigrum*)

Controlar os pulgões, as cochonilhas e os ácaros

Colocar 100 gramas de pimenta-do-reino em 1 litro de álcool comercial. Deixar em maceração por uma semana e coar. Dissolver bem 60 gramas de sabão de coco em 1 litro de água fervente. Retirar do fogo o sabão dissolvido e misturar as duas partes. Utilizar um copo comum cheio para 10 litros de água. Fazer pulverizações nas plantas atacadas

PIMENTA-VERMELHA
(*Capsicum frutescens*)

Repelir os insetos

Socar bem os frutos da pimenta vermelha e misturar com bastante água e um pouco de sabão em pó. Fazer pulverizações nas plantas atacadas.

Repelir as formigas em árvores ou plantas

Usar suco de pimenta vermelha, embebendo em um pano e amarrando em volta do tronco.

SABUGUEIRO
(*Sambucus nigra*)

Controlar os pulgões

Usar a própria planta para atrair os pulgões.

SAMAMBAIA
(*Phlebodium decumanum*)

Controlar os ácaros, as cochonilhas e os pulgões
Colocar para ferver 1 litro de água com 500 gramas de folhas frescas da samambaia. Ferver por meia hora. Diluir 1 litro do preparado para 10 litros de água. Fazer pulverizações nas plantas atacadas.

URTIGA
(*Urtica dioica*)

Controlar os pulgões
Misturar 500 gramas de folhas frescas da urtiga em 1 litro de água. Deixar em maceração por 2 dias. Coar, diluir em 10 litros de água e pulverizar sobre as plantas atacadas.

Controlar as lagartas
Aplicar o macerado visto anteriormente no solo.

ANEXO 4
RECEITAS DIVERSAS PARA O CONTROLE DE PRAGAS E DOENÇAS DE PLANTAS CULTIVADAS

Controlar as cochonilhas e os pulgões
Cortar 400 gramas de sabão e adicionar um litro de água. Levar a mistura ao fogo e deixar ferver até dissolver o sabão. Retirar do fogo e acrescentar um litro de querosene. Para pulverizar, diluir um litro da solução em 10 litros de água. Pulverizar de semana em semana até o extermínio das cochonilhas e dos pulgões.

Misturar em 10 litros de água morna meia barra de sabão picado, um litro de macerado de fumo e um quilo de enxofre. Deixar esfriar e pulverizar as plantas atacadas. Repetir as aplicações até o extermínio das pragas.

Colocar 100 gramas de pimenta-do-reino em um litro de álcool por uma semana. Cortar 60 gramas de sabão, colocar em um litro de água e levar ao fogo. Deixar ferver até dissolver o sabão. Juntar as duas partes. Usar um copo cheio das misturas para 10 litros de água. Pulverizar as plantas atacadas. Repetir as aplicações até o extermínio das pragas.

Controlar os pulgões

Picar 10cm de fumo de corda e misturar com um litro de água. Deixar curtir durante dois dias. Coar e diluir a solução em 10 litros de água. Pulverizar as plantas atacadas. Repetir as aplicações até o extermínio da praga.

Fazer a mistura de 2 quilos de cinza com 10 litros de água. Deixar a mistura descansar por um dia. Depois de pronto, coar e pulverizar, ou regar as plantas atacadas. Repetir as aplicações até o extermínio da praga.

Controlar as cochonilhas de tronco

Misturar em um litro de água 100 gramas de enxofre, duas colheres e meia de sal e 300 gramas de cal. Fazer uma boa mistura e pincelar a parte atacada. Repetir a aplicação até o extermínio das cochonilhas de tronco.

Controlar as cochonilhas

Cortar 500 gramas de sabão e adicionar em um litro de água e quatro litros de óleo mineral. Levar a mistura ao fogo até levar fervura. Ficar mexendo sempre até virar uma pasta. Deixar esfriar e armazenar. Dissolver a pasta em água morna e mistura o equivalente a 300 gramas para cada 20 litros de água fria. Pulverizar as plantas atacadas. Repetir as aplicações até o extermínio da praga.

Fazer a misturar de um litro de água, cinco colheres das de sopa de água sanitária e uma colher das de sopa de detergente biodegradável. Retirar as cochonilhas com uma esponja umedecida com a solução preparada. Repetir as aplicações até o extermínio da praga.

Misturar 200ml de óleo mineral com 20 litros de água. Pulverizar as plantas atacadas. Repetir as aplicações até o extermínio da praga. Colocar 100 gramas de fumo de rolo picado em um litro de álcool. Guardar em um recipiente e deixar em maceração por 24 horas. Pulverizar diluindo 5 colheres das de sopa de solução para cada litro de água. Pulverizar em dias alternados até o extermínio das cochonilhas.

Fazer uma mistura de partes iguais de álcool e água e aplicar com um pincel macio ou algodão a cada semana até o extermínio total das cochonilhas. Esta receita é para o início dos ataques.

Controlar as cochonilhas com carapaça e ácaros

Ferver 10 litros de água com 20 colheres das de sobremesa de querosene, três colheres das de sopa de sabão em pó biodegradável. Deixar esfriar e adicionar um litro de maceração de fumo. Pulverizar as plantas atacadas. Repetir as aplicações até o extermínio das pragas.

Misturar um quilo de enxofre, meia barra de sabão, um litro de macerado de fumo e 10 litros de água morna. Deixar esfriar. Pulverizar as plantas atacadas. Repetir as aplicações até o extermínio das pragas.

Controlar as cochonilhas, os pulgões e os ácaros

Dissolver uma colher de sopa de sabão em pó em cinco litros de água, usar sempre esta proporção. Pulverizar as plantas atacadas. Repetir as aplicações até o extermínio das pragas.

Controlar as formigas

Espalhar alguns ingredientes nas áreas atacadas por formigas, tais como: farinhas de osso, cascas de ovo moído, carvão vegetal ou pó de café usado. Repetir as aplicações até o extermínio da praga.

ANEXO 5
INFORMAÇÕES SOBRE COLHEITA, SECAGEM E ARMAZENAMENTO DE PLANTAS MEDICINAIS

1. Técnicas gerais de colheita

1.1. Escolher sempre plantas viçosas, sadias, sem manchas e sem ataque de insetos.

1.2. Fazer uma colheita limpa, evitando a presença de corpos estranhos.

1.3. Colher uma espécie de cada vez para evitar mistura de plantas.

1.4. Conhecer em que estágio de desenvolvimento da planta medicinal ela deve ser colhida.

1.5. Conhecer a hora certa de fazer a colheita.

1.6. Colher em dias de sol após a evaporação do orvalho.

1.7. Evitar colher em dias de chuva.

1.8. Proteger imediatamente do sol tudo o que foi colhido.

1.9. Não machucar as partes da planta medicinal colhida.

1.10. Não amontoar as partes colhidas.

1.11. Iniciar a secagem logo após a colheita.

1.12. Usar ferramentas limpas e desinfetadas na colheita.

1.13. O responsável pela colheita deve ter noções de higiene e de cuidados especiais.

2. Colheita de folhas

2.1. Colher as folhas na época de maior vigor, ou seja, no início da floração.

2.2. Colher as folhas com bom aspecto.

2.3. A colheita das folhas dever ser feita em dia seco e sem chuva.

2.4. Não misturar folhas de plantas medicinais diferentes.

2.5. Colher as folhas grandes com uma tesoura de poda.

2.6. Colher as folhas menores manualmente com um material cortante, mas com muito cuidado para não maltratar a planta.

2.7. Não apertar nem amassar as folhas.

2.8. Não fazer grandes volumes de folhas.

2.9. Evitar a retirada total das folhas de uma planta medicinal.

2.10. Nas folhas grandes, o ideal é colher sem os pecíolos.

2.11. Colher uma por uma os ramos inteiros para posteriormente retirar as folhas.

2.12. Nas plantas perenes, fazer a colheita de folhas alguns centímetros acima do solo.

2.13. Usar recipiente limpo e sem cheiro para colher as folhas.

3. Colheita de rizomas

3.1. Esperar que a planta atinja o máximo de desenvolvimento.

3.2. Conhecer o ciclo da planta cultivada.

3.3. Colher na parte da manhã.

3.4. Usar ferramentas apropriadas e limpas para desenterrar os rizomas.

3.5. Limpar os rizomas em água corrente e depois secar.

3.6. Eliminar os rizomas atacados por fungos.

4. Colheita de cascas

4.1. Colher as cascas de plantas adultas e sadias.

4.2. As cascas são colhidas antes de a planta brotar novamente.

4.3. Retirar as cascas em pequenos pedaços.

4.4. Retirar as cascas de um dos lados de cada vez.

5. Regras básicas para uma secagem correta

5.1. O processo de secagem deve ser iniciado no mesmo dia da colheita.

5.2. Nunca secar diretamente ao sol.

5.3. Nunca secar ao ar livre por causa dos insetos.

5.4. Secar em um local protegido de poeira e do ataque de insetos.

5.5. A secagem deve ser feita em um local próprio para esta finalidade, nunca improvisar.

5.6. O local da secagem deve ser escuro, fechado e com circulação de ar.

5.7. Plantas aromáticas devem ser separadas para evitar mistura de aroma.

5.8. Durante a secagem, separe as plantas diferentes e nunca misture-as.

5.9. Fazer camadas finas para permitir a circulação de ar.

5.10. Evitar o excesso de manuseio durante a secagem.

5.11. A área de secagem pode ser estimada em 10 % da área cultivada.

5.12. O ponto de secagem pode ser percebido pelo visual. A facilidade de fragmentação é um bom indicativo.

6. Informações complementares sobre a secagem

O conteúdo de umidade das partes das plantas colhidas geralmente é alto, em torno de 60% a 80%. Para evitar a fermentação ou degradação dos princípios ativos, é necessário reduzir o conteúdo de água. A secagem deve ser realizada corretamente para preservar as características de cor, aroma e sabor do material colhido e deve ser iniciada o mais rápido possível. A secagem deve ser realizada até que a planta atinja 8% a 12% de água, conforme a espécie e a parte da planta. Com essa umidade, a maior parte das espécies pode ser armazenada por um bom período sem que ocorra deterioração. Não se deve esquecer que várias espécies reabsorvem umidade do ar. Isso deve ser levado em consideração na definição do método de embalagem e armazenagem. O tempo de secagem depende do fluxo de ar, da temperatura e da umidade relativa do ar. Quanto maior a temperatura e maior o fluxo de ar, tanto mais rápida é a secagem. A temperatura de secagem é determinada pela sensibilidade dos princípios ativos da planta; portanto, para cada espécie, há uma temperatura ideal de secagem.

Boas Práticas Agrícolas (BPA) de plantas medicinais, aromáticas e condimentares – Ministério da Agricultura, Pecuária e Abastecimento.

7. Regras básicas para um armazenamento correto

7.1. O local de armazenamento deve ser sempre seco, mais ou menos escuro, ventilado e livre de poeira e insetos.

7.2. O produto deve ser armazenado o menor tempo possível, no máximo seis meses.

7.3. A planta deve ser armazenada com identificação e data do início da secagem.

7.4. Em geral utiliza-se embalagens de polietileno.

7.5. Os sacos não devem ser reaproveitados.

7.6. Os sacos não devem ser colocados diretamente no chão.

7.7. Os sacos de plantas diferentes devem ser mantidos separados.

8. Informações complementares sobre o armazenamento

O produto embalado deve ser armazenado no menor tempo possível, pois, em geral, ocorre uma diminuição e alteração dos princípios ativos. O local de armazenagem deve ser seco, escuro e arejado, e as flutuações diárias de temperatura são limitadas. Para manter o ambiente arejado, podem-se utilizar, por exemplo, exaustores eólicos. O armazém deve ter piso de concreto ou similar, de fácil limpeza, e estar livre de insetos, roedores ou poeira. Qualquer local com estas características é considerado adequado. As drogas ocupam um grande volume, mas têm pouco peso. Para construções novas, recomenda-se que os armazéns tenham um pé-direito de 6m, pois em geral o custo da construção não aumenta muito.

O produto seco e embalado deve ser armazenado como segue:

* sobre estrados;
* a uma distância suficiente da parede para evitar absorção de umidade;
* completamente separado de outros lotes de plantas, para evitar contaminação secundária;
* produtos orgânicos devem ser armazenados separadamente.

Deve-se desenvolver um sistema de identificação e localização dos lotes de plantas, como, por exemplo, etiquetas afixadas nas colunas das prateleiras. As embalagens não podem ser colocadas diretamente no chão, mas sobre estrados. Plantas fortemente aromáticas devem ser mantidas separadas (ex.: hortelã). Durante a armazenagem, os produtos podem ser atacados por roedores, que estragam as embalagens, destroem o produto e podem, ainda, transmitir perigosas doenças, como a leptospirose. A prevenção é feita impedindo seu acesso ao armazém (que não pode ter frestas); e o controle, por meio de iscas, ratoeiras, etc. Durante a armazenagem, o local deve ser inspecionado regularmente e os produtos contaminados devem ser eliminados. Outro grupo de inimigos dos produtos armazenados é composto por traças e gorgulhos. Para evitar o ataque desses insetos, alguns cuidados devem ser tomados ainda antes da armazenagem:

1. Não deixar o material colhido exposto no campo ou em galpões abertos, pois frequentemente a infestação ocorre nessa fase;

2. Ao beneficiar o material, certificar-se de que os locais estejam rigorosamente limpos, sem restos de culturas anteriores, mesmo que sejam da mesma espécie. O mesmo vale para os equipamentos como picador e secador.

3. O armazém deve ser limpo regularmente e pintado internamente com cor clara (tinta de cal, por exemplo) para facilitar a visualização de insetos. Caso seja verificado o ataque de alguma praga, deve-se avaliar se a intensidade do ataque comprometeu a qualidade da droga, enviando uma amostra do material para o laboratório de controle de qualidade. Se houve comprometimento, deve-se eliminar o material atacado. Se não houve, devem-se aplicar as medidas de controle recomendadas para a erradicação da praga. Além disso, deve-se fazer o expurgo do armazém. O expurgo deve ser feito no armazém vazio, pois os produtos comercializados para esse fim não possuem registro específico para Plantas Medicinais. O expurgo deve ser feito exclusivamente por pessoal com treinamento específico. Só devem ser usadas substâncias químicas registradas. Qualquer tratamento deve ser informado na Ficha de Informações Agronômicas.

Boas Práticas Agrícolas (BPA) de plantas medicinais, aromáticas e condimentares – Ministério da Agricultura, Pecuária e Abastecimento.

ANEXO 6
RECEITAS COM PLANTAS MEDICINAIS
PARA USO NOS ANIMAIS

ABRICÓ-DO-PARÁ
(*Mammea americana*)

Finalidade: Controlar os carrapatos.
Parte usada da abóbora: As folhas e sementes.
Forma de uso: Utilizar o controle alternativo.
Modo de preparar/como usar: Colocar para ferver dois litros de água. Colocar seis punhados de folhas e sementes na água fervente. Apagar o fogo. Abafar e coar. Banhar o animal.

ARRUDA
(*Ruta graveolens*)

Finalidades: Edema, inflamação do úbere.
Parte usada da abóbora: As folhas.
Forma de uso: Utilizar o óleo.
Modo de preparar/como usar: Colocar para ferver em banho-maria quatro colheres das de sopa de folhas da arruda com 100ml de óleo de soja. Deixar esfriar e coar. Massagear o úbere do animal com o óleo, duas vezes ao dia, durante três dias.

ATA
(*Anonna squamosa*)

Finalidade: Controlar os carrapatos.
Parte usada da ata: As folhas.
Forma de uso: Utilizar o controle alternativo.
Modo de preparar/como usar: Socar um quilo de folhas da ata em um pilão ou triturá-las, até elas soltarem um suco verde, colocar

em um litro de água e coar. Aplicar no corpo dos animais. Deixar os animais amarrados por duas horas de forma que não se lambam, porque esta mistura é tóxica e pode matar. Repetir o tratamento a cada quinze dias.

BABOSA
(*Aloe vera*)

Finalidade: Ferimentos em animais.
Parte usada da babosa: A folha.
Forma de uso: Utilizar o sumo da folha.
Modo de preparar/como usar: Aplicar o sumo da babosa nos ferimentos. Fazer três aplicações diárias, pelo tempo necessário à cicatrização.

BARBATIMÃO
(*Stryphnodendron coriaceum*)

Finalidade: Assepsias de ferimentos em animais.
Parte usada do barbatimão: As cascas.
Forma de uso: Utilizar o chá por cozimento na assepsia curativa.
Modo de preparar/como usar: Colocar para cozinhar dois litros de água com duas xícaras das de chá de cascas picadas do barbatimão. Ferver por dez minutos. Coar, deixar esfriar e lavar os ferimentos. Repetir o tratamento pelo tempo necessário à cicatrização.

CAMOMILA
(*Matricaria chamomilla*)

Finalidades: Edema, inflamação do úbere.
Parte usada da camomila: As flores.
Forma de uso: Utilizar o óleo.
Modo de preparar/modo de usar: Colocar três colheres das de sopa de flores da camomila para ferver em banho-maria, com 100ml de

óleo de soja. Deixar esfriar e coar. Massagear o úbere do animal com o óleo, duas vezes ao dia, durante três dias.

CAPIM- CITRONELA
(*Cymbopogon winterianus*)

Finalidade: Controlar os carrapatos de cães.
Parte usada do capim-citronela: As folhas.
Forma de uso: Utilizar o sabonete caseiro líquido.
Modo de preparar/como usar: Encher um frasco de boca larga com metade de folhas do capim citronela e metade de folhas da arruda. Colocar álcool até a metade do frasco e completar com água filtrada. Deixar em maceração por uma semana em um local escuro. Agitar pelo menos uma vez ao dia. Coar. Cortar em pequenos pedaços uma barra de sabão de coco. Colocar os pedaços de sabão em uma panela. Juntar 250ml de água aos pedaços de sabão. Levar ao fogo. Aquecer mexendo com uma colher de pau até derreter os pedaços de sabão. Fechar o fogo. Colocar 250ml de tintura caseira preparada. Continuar mexendo a mistura com a colher de pau. Deixar esfriar. Colocar em um vidro limpo. Lavar o animal com o sabonete caseiro líquido.

CAPIM-SANTO
(*Cymbopogon citratus*)

Finalidade: Controlar os carrapatos.
Parte usada do capim-santo: As folhas.
Forma de uso: Utilizar a tintura caseira.
Modo de preparar/como usar: Encher um frasco de boca larga com folhas do capim-santo. Colocar álcool até a metade do frasco e completar com água filtrada. Deixar em maceração por uma semana em um local escuro. Agitar pelo menos uma vez ao dia. Coar, colocar na água e pulverizar o animal.

CATINGA-DE-MULATA
(*Tanacetum vulgare*)

Finalidades: Afastar as moscas-do-berne, as bicheiras, os carrapatos, as mosca-dos-chifres.
Parte usada da catinga-de-mulata: As folhas da catinga-de-mulata.
Forma de uso: Utilizar o controle alternativo.
Modo de preparar/como usar: Amassar as folhas frescas da catinga-de-mulata com azeite e passar no pelo do animal.

CRAVO-DE-DEFUNTO
(*Tagetes minuta*)

Finalidade: Afastar as pulgas das camas de cães e gatos.
Parte usada do cravo-de-defunto: As folhas e flores.
Forma de uso: Utilizar o controle alternativo.
Modo de preparar/como usar: Colocar as folhas e flores do cravo de defunto para secar. Triturar e colocar nas camas dos cães e gatos.

Finalidade: Afastar as pulgas das camas de cães e gatos.
Parte usada do cravo-de-defunto: As folhas e flores.
Forma de uso: Utilizar o controle alternativo.
Modo de preparar/como usar: Fazer almofadas de flores.

Finalidade: Controlar pulgas e piolhos.
Parte usada do cravo-de-defunto: As folhas e flores.
Forma de uso: Utilizar o controle alternativo.
Modo de preparar/como usar: Colocar para secar 100 gramas de folhas e flores do cravo de defunto. Colocar no litro de álcool e tampar bem. Deixar em maceração por uma semana. Coar e misturar com 20 litros de água. Pulverizar sobre os animais e também sobre os locais em que os animais dormem.

FUMO
(*Nicotiana tabacum*)

Finalidade: Controlar os carrapatos.
Parte usada do fumo: O fumo de rolo.
Forma de uso: Utilizar o controle alternativo.
Modo de preparar/como usar: Picar um quilo de fumo de corda e colocar em maceração em dois litros de álcool por três dias. Depois de pronto, coar. Em separado, colocar 230 gramas de cal virgem em 20 litros de água. Depois disso, colocar dentro deste preparado o extrato de fumo e misturar bem. Banhar os animais com esta mistura duas vezes ao mês. Esta quantidade dá para banhar uma vez dez animais.

MALVA-CHEIROSA
(*Pelargonium graveolens*)

Finalidade: Exterminar as pulgas dos cães.
Parte usada da malva-cheirosa: As folhas.
Forma de uso: Utilizar o controle alternativo.
Modo de preparar/como usar: Colocar para secar as folhas da malva-cheirosa e transformá-las em pó. Aplicar o pó no pelo dos cães.

MASTRUZ
(*Chenopodium ambrosioides*)

Finalidade: Afugentar as pulgas e os piolhos de aves.
Parte usada do mastruz: Os galhos.
Forma de uso: Utilizar o controle alternativo.
Modo de preparar/como usar: Colocar os galhos do mastruz no ambiente de dormir das aves ou e no ninho.

MELÃO-DE-SÃO-CAETANO
(*Momordica charantia*)

Finalidade: Afugentar as pulgas e os parasitas externos dos animais domésticos.
Parte usada do melão-de-são-caetano: As folhas e ramos.
Forma de uso: Utilizar o controle alternativo.
Modo de preparar/como usar: Usar as ramagens verdes do melão--de-são-caetano batida com água. Banhar os animais.

Finalidade: Eliminar as larvas das fezes de cães, gatos e galinhas.
Parte usada do melão-de-são-caetano: As folhas e ramos.
Forma de uso: Utilizar o controle alternativo.
Modo de preparar/como usar: Fazer um extrato das folhas e ramos do melão-de-são-caetano, usando um quilo da planta para dez litros de água. Molhar o chão com o extrato.

Finalidade: Controlar os carrapatos de cães.
Parte usada do melão-de-são-caetano: As folhas.
Forma de uso: Utilizar as próprias folhas.
Modo de preparar/como usar: Esfregar as folhas do melão-de-são--caetano no pelo do animal uma vez por semana.

Finalidade: Controlar os carrapatos de cães.
Parte usada do melão-de-são-caetano: As folhas.
Forma de uso: Utilizar o sabonete caseiro líquido.
Modo de preparar/como usar: Encher um frasco de boca larga com folhas do melão-de-são-caetano. Colocar álcool até a metade do frasco e completar com água filtrada. Deixar em maceração por uma semana em um local escuro. Agitar pelo menos uma vez ao dia. Coar. Cortar em pequenos pedaços uma barra de sabão de coco. Colocar os pedaços de sabão em uma panela. Juntar 250ml de água aos pedaços de sabão. Levar ao fogo. Aquecer mexendo com uma colher de pau até derreter os pedaços de sabão. Desligar o fogo. Colocar 250ml de tintura caseira preparada. Continuar mexendo a

mistura com a colher de pau. Deixar esfriar. Colocar em um vidro limpo. Lavar o animal com o sabonete caseiro líquido.

NIM
(*Azadirachta indica*)

Finalidade: Controlar os carrapatos.
Parte usada do nim: As folhas.
Forma de uso: Utilizar o controle alternativo.
Modo de preparar/como usar: Misturar 150 gramas de folhas secas trituradas com 50 gramas de sabão em pó em 20 litros de água. Deixar em repouso por doze horas, em ambiente escuro. Coar e pulverizar o gado.

ANEXO 7
USO ALTERNATIVO DAS
PLANTAS MEDICINAIS

ALECRIM
(*Rosmarinus officinalis*)

Finalidade: Repelir as traças.
Parte usada do alecrim: As folhas.
Forma de uso: Utilizar as próprias folhas.
Modo de preparar/como usar: Colocar as folhas frescas do alecrim dentro de um saco de pano e guardar dentro do guarda-roupa. Trocar as folhas depois que elas perderem o aroma.

Finalidade: Proporcionar uma boa noite de sono.
Parte usada do alecrim: As folhas.
Forma de uso: Utilizar o travesseiro.
Modo de preparar/como usar: Retirar cuidadosamente os cabinhos do travesseiro. Retirar a espuma e misturar com folhas secas

do alecrim. Encher o travesseiro com a mistura (para facilitar este trabalho, usar um funil de cartolina na boca do saco do travesseiro).

ALFAVACA-CRAVO
(*Ocimum gratissimum*)

Finalidade: Afugentar as moscas e os mosquitos.
Parte usada da alfavaca-cravo: A própria planta.
Forma de uso: Utilizar o controle alternativo.
Modo de preparar/como usar: Plantar estrategicamente próximo das janelas das casas a própria alfavaca-cravo.

ALFAZEMA
(*Lavandula officinalis*)

Finalidade: Repelir os mosquitos.
Parte usada da alfazema: As sumidades floridas.
Forma de uso: Utilizar a fumigação.
Modo de preparar/como usar: Queimar as sumidades florais da alfazema para produzir fumaça com efeito repelente.

Finalidade: Desinfetar ambientes.
Parte usada da alfazema: As sumidades floridas.
Forma de uso: Utilizar a fumigação.
Modo de preparar/como usar: Queimar as sumidades floridas da alfazema para obter uma combustão em ambientes abertos para produzir efeito desinfetante. A fumigação também pode acontecer em ambientes fechados pelo período de uma hora, neste caso as pessoas devem ser retiradas do local. É necessário tomar precauções quanto à presença de fogo vivo em um ambiente fechado.

ARRUDA
(*Ruta graveolens*)

Finalidade: Afugentar os mosquitos.
Parte usada da arruda: As folhas.
Forma de uso: Utilizar o controle alternativo.
Modo de preparar/como usar: Queimar as folhas secas da arruda para produzir fumaça com efeito repelente.

Finalidade: Afugentar os mosquitos.
Parte usada da arruda: As folhas.
Forma de uso: Utilizar o controle alternativo.
Modo de preparar/como usar: Fazer velas caseiras e acender para queimar ao ar livre, inclusive para produzir efeito repelente.

Finalidade: Repelir as pulgas e os percevejos.
Parte usada da arruda: Os galhos.
Forma de uso: Utilizar o controle alternativo.
Modo de preparar/como usar: Varrer a casa com os galhos da arruda.

Finalidade: Repelir as pulgas e os percevejos.
Parte usada da arruda: Os galhos.
Forma de uso: Utilizar o controle alternativo.
Modo de preparar/como usar: Colocar os galhos embaixo dos colchões.

Finalidade: Afastar os ratos.
Parte usada da arruda: Os galhos.
Forma de uso: Utilizar o controle alternativo.
Modo de preparar/como usar: Colocar os galhos frescos da arruda nos locais em que os ratos geralmente aparecem.

BAMBURRAL
(*Hyptis suaveolens*)

Finalidade: Repelir os insetos.
Parte usada do bamburral: Parte aérea.
Forma de uso: Utilizar a fumigação.
Modo de preparar/como usar: Queimar a parte aérea seca do bamburral para produzir fumaça com efeito repelente.

BEGÔNIA
(*Begônia coccinea*)

Finalidade: Tirar manchas de tinta de escrever.
Parte usada da begônia: As folhas.
Forma de uso: Utilizar o suco das folhas.
Modo de preparar/como usar: Fazer um suco das folhas da begônia e aplicar nas manchas.

CAFÉ
(*Coffea arabica*)

Finalidade: Tirar o cheiro das mãos após ter limpado peixe.
Parte usada do café: A borra do café.
Forma de uso: Utilizar a própria borra.
Modo de preparar/como usar: Aplicar nas mãos a borra de café e, em seguida, lavar bem as mãos.

CAJUEIRO
(*Anacardium occidentale*)

Finalidade: Tingir roupas dos jangadeiros.
Parte usada do cajueiro: As frutas.
Forma de uso: Utilizar a própria fruta.

Modo de preparar/como usar: Usar para tingir as roupas dos jangadeiros, tornando-as pardo-escuras e mais resistentes à ação da água do mar.

CAMOMILA
(*Matricaria chamomilla*)

Finalidade: Proporcionar uma boa noite de sono.
Parte usada da camomila: As flores.
Forma de uso: Utilizar o travesseiro.
Modo de preparar/como usar: Retirar cuidadosamente os cabinhos do travesseiro. Retirar a espuma e misturar com flores da camomila. Encher o travesseiro com a mistura (para facilitar este trabalho, usar um funil de cartolina na boca do saco do travesseiro).

Finalidade: Prevenir as rachaduras de peles sensíveis e secas.
Parte usada da camomila: As flores.
Forma de uso: Utilizar o chá por infusão para uso tópico.
Modo de preparar/como usar: Fazer o chá por infusão, usando duas colheres das de sopa de flores da camomila para uma xícara das de chá de água. Coar e usar um algodão embebido no chá e aplicar na local afetado na forma de compressa. Fazer o tratamento por vinte minutos, sempre mudando o chá do algodão. Fazer duas aplicações ao dia.

Finalidade: Limpeza da crosta da cabeça de recém-nascido.
Parte usada da camomila: As flores.
Forma de uso: Utilizar o óleo caseiro.
Modo de preparar/como usar: Colocar uma colher das de sopa de flores secas da camomila em uma xícara das de café de óleo de girassol. Colocar a mistura em um recipiente apropriado. Levar ao fogo em banho-maria por uma hora. Coar e espremer também o resíduo. Guardar bem o óleo. Molhar um chumaço de algodão com o óleo e aplicar no local afetado.

CAPIM-SANTO
(Cymbopogon citratus)

Finalidade: Repelir as traças.
Parte usada do capim-santo: As folhas.
Forma de uso: Utilizar o controle alternativo.
Modo de preparar/como usar: Colocar as folhas frescas do capim-santo dentro de um saco de pano e guardar dentro do guarda-roupa. Trocar as folhas depois que tiverem perdido o aroma.

CARAMBOLA
(Averrhoa carambola)

Finalidade: Remover tinta de caneta e manchas de tecidos.
Parte usada da carambola: A fruta.
Forma de uso: Utilizar a própria fruta.
Modo de preparar/como usar: Bater no liquidificador uma xícara de polpa da carambola sem as sementes com duas xícaras das de chá de água. Coar e passar nas manchas.

CATINGA-DE-MULATA
(Tanacetum vulgare)

Finalidade: Repelir os insetos.
Parte usada da catinga-de-mulata: As folhas.
Forma de uso: Utilizar a fumigação.
Modo de preparar/como usar: Queimar as folhas da catinga-de-mulata para obter uma combustão em ambientes abertos com o intuito de produzir ações e efeitos repelentes.

CRAVO-DA-ÍNDIA
(Eugenia caryphyllata)

Finalidade: Repelir as formigas doceiras.
Parte usada do cravo-da-índia: Os botões florais.

Forma de uso: Utilizar o controle alternativo.

Modo de preparar/como usar: Esmagar dois cravos-da-índia e colocar próximo ao açucareiro.

ERVA-DOCE
(Pimpinela anisum)

Finalidade: Repelir as traças.

Parte usada da erva-doce: Os frutos-sementes.

Forma de uso: Utilizar os próprios frutos-sementes.

Modo de preparar/como usar: Colocar os frutos-semente da erva--doce dentro de um pequeno saco de pano e guardar dentro do guarda-roupa. Trocar os frutos-sementes depois que tiverem perdido o aroma.

ERVA-DE-BICHO
(Polygonum acre)

Finalidade: Repelir as pulgas e os bichos-de-pé.

Parte usada da erva-de-bicho: Os galhos.

Forma de uso: Utilizar o controle alternativo.

Modo de preparar/como usar: Esmagar os galhos e espalhar nos locais em que costumam aparecer.

ERVA-DO-RATO
(Palicourea marcgravii)

Finalidade: Controlar os ratos.

Parte usada da erva-do-rato: Os frutos e as folhas.

Forma de uso: Utilizar o controle alternativo.

Modo de preparar/como usar: Triturar os frutos e folhas e misturar com azeite. Distribuir nos locais visitados pelos ratos.

ERVA-JARARACA
(*Dracontium longipes*)

Finalidades: Afugentar e prevenir picadas de cobra.
Parte usada da erva-jararaca: Os tubérculos.
Forma de uso: Utilizar o próprio tubérculo.
Modo de preparar/como usar: Esfregar pernas e pés com o tubérculo.

EUCALIPTO-LIMÃO
(*Eucalyptus citriodora*)

Finalidade: Desinfetar o ambiente.
Parte usada do eucalipto-limão: As folhas.
Forma de uso: Utilizar a fumigação.
Modo de preparar/como usar: Queimar as folhas do eucalipto-limão para obter uma combustão em ambientes abertos com o intuito de produzir ações e efeitos desinfetantes. A fumigação também pode acontecer em ambientes fechados pelo período de uma hora, neste caso as pessoas devem ser retiradas do local. É necessário tomar precauções quanto à presença de fogo vivo em um ambiente fechado.

EUCALIPTO-MEDICINAL
(*Eucalyptus globulus*)

Finalidade: Repelir as baratas domésticas.
Parte usada do eucalipto-medicinal: As folhas.
Forma de uso: Utilizar o controle alternativo.
Modo de preparar/como usar: Espalhar folhas frescas do eucalipto medicinal nos locais em que as baratas costumam aparecer.

ESPORINHA
(*Delphinium ajacis*)

Finalidade: Controlar os ratos.
Parte usada da esporinha: As sementes.

Forma de uso: Utilizar o controle alternativo.

Modo de preparar/como usar: Amassar as sementes da esporinha, misturar com óleo de peixe ou grãos moídos de cereais e distribuir nos locais de ocorrência de ratos.

HORTELÃ-JAPONESA
(Mentha arvensis)

Finalidade: Afugentar as moscas e os mosquitos.

Parte usada da hortelã-japonesa: A própria planta.

Forma de uso: Utilizar o controle alternativo.

Modo de preparar/como usar: Cultivar a hortelã-japonesa estrategicamente próxima às janelas das casas.

Finalidade: Amenizar o odor desagradável da cebola e do alho.

Parte usada da hortelã-japonesa: As folhas.

Forma de uso: Utilizar as próprias folhas.

Modo de preparar/como usar: Mastigar as folhas da hortelã-japonesa.

Finalidade: Proporcionar uma boa noite de sono.

Parte usada da hortelã-japonesa: As folhas.

Forma de uso: Utilizar o travesseiro.

Modo de preparar/como usar: Retirar cuidadosamente os cabinhos do travesseiro. Retirar a espuma e misturar com folhas secas da hortelã japonesa. Encher o travesseiro com a mistura (para facilitar este trabalho, usar um funil de cartolina na boca do saco do travesseiro).

JUAZEIRO
(Ziziphus joazeiro)

Finalidade: Dentes encardidos.

Parte usada do juazeiro: A entrecasca.

Forma de uso: Utilizar o pó da entrecasca.

Modo de preparar/como usar: Transformar a entrecasca em pó. Escovar os dentes com o pó do juazeiro. Fazer várias aplicações até alcançar o resultado esperado.

LOURO
(*Laurus nobilis*)

Finalidade: Repelir as traças.
Parte usada do louro: As folhas.
Forma de uso: Utilizar o controle alternativo.
Modo de preparar/como usar: Colocar as folhas do louro nas gavetas, nos armários e nos lugares em que as traças costumam aparecer. Fazer substituição periódica das folhas.

Finalidade: Desinfetar ambientes.
Parte usada do louro: As folhas.
Forma de uso: Utilizar a fumigação.
Modo de preparar/como usar: Queimar as folhas secas do louro para obter uma combustão em ambientes abertos, com o intuito de produzir efeito desinfetante.

MAMONA
(*Ricinus communis*)

Finalidade: Repelir os mosquitos.
Parte usada da mamona: A própria planta.
Forma de uso: Utilizar o controle alternativo.
Modo de preparar/como usar: Cultivar a mamona perto de água parada.

MANJERICÃO
(*Ocimum balisicum*)

Finalidade: Afugentar as moscas e os mosquitos.
Parte usada do manjericão: A própria planta.

Forma de uso: Utilizar o controle alternativo.

Modo de preparar/como usar: Cultivar o manjericão próximo às janelas das casas.

Finalidade: Perfumar o banho de bebês.

Parte usada do manjericão: As folhas e flores.

Forma de uso: Utilizar o chá na forma de banho morno.

Modo de preparar/como usar: Fazer um chá por infusão usando uma grande quantidade de folhas e flores. Coar e adicionar o chá na água morna do banho do bebê.

MASTRUZ
(*Chenopodium ambrosioides*)

Finalidade: Afugentar as pulgas e os percevejos.

Parte usada do mastruz: Os galhos.

Forma de uso: Utilizar o controle alternativo.

Modo de preparar/como usar: Varrer a casa com galhos do mastruz.

Finalidade: Afugentar as pulgas e os percevejos.

Parte usada do mastruz: Os galhos.

Forma de uso: Utilizar o controle alternativo.

Modo de preparar/como usar: Deixar os galhos do mastruz sob o colchão.

Finalidade: Afastar os cupins.

Parte usada do mastruz: Os galhos.

Forma de uso: Utilizar o controle alternativo.

Modo de preparar/como usar: Colocar os galhos frescos do mastruz dentro de armários e guarda-roupas. Trocar os galhos depois de perderem o aroma.

ORÉGANO
(*Origanum vulgare*)

Finalidade: Amenizar o odor desagradável do alho.
Parte usada do orégano: As flores e folhas.
Forma de uso: Utilizar as próprias flores e folhas secas.
Modo de preparar/como usar: Pode ser utilizado em armários e gavetas para perfumar e repelir insetos.

ROMÃZEIRA
(*Punica granatum*)

Finalidade: Curtir couros.
Parte usada da romãzeira: As cascas.
Forma de uso: Utilizar as próprias cascas.
Modo de preparar/como usar: As cascas possuem substâncias corantes e podem ser utilizadas no curtimento de couros e peles.

SALSA
(*Petroselinum hortense*)

Finalidade: Desaparecer o odor desagradável do alho.
Parte usada da salsa: Os ramos.
Forma de uso: Utilizar os próprios ramos.
Modo de preparar/como usar: Mastigar um raminho da salsa.

SÁLVIA
(*Salvia officinalis*)

Finalidade: Proteger as gengivas e dentes.
Parte usada da sálvia: As folhas e flores.
Forma de uso: Utilizar as próprias folhas e flores.
Modo de preparar/como usar: Mastigar as folhas.

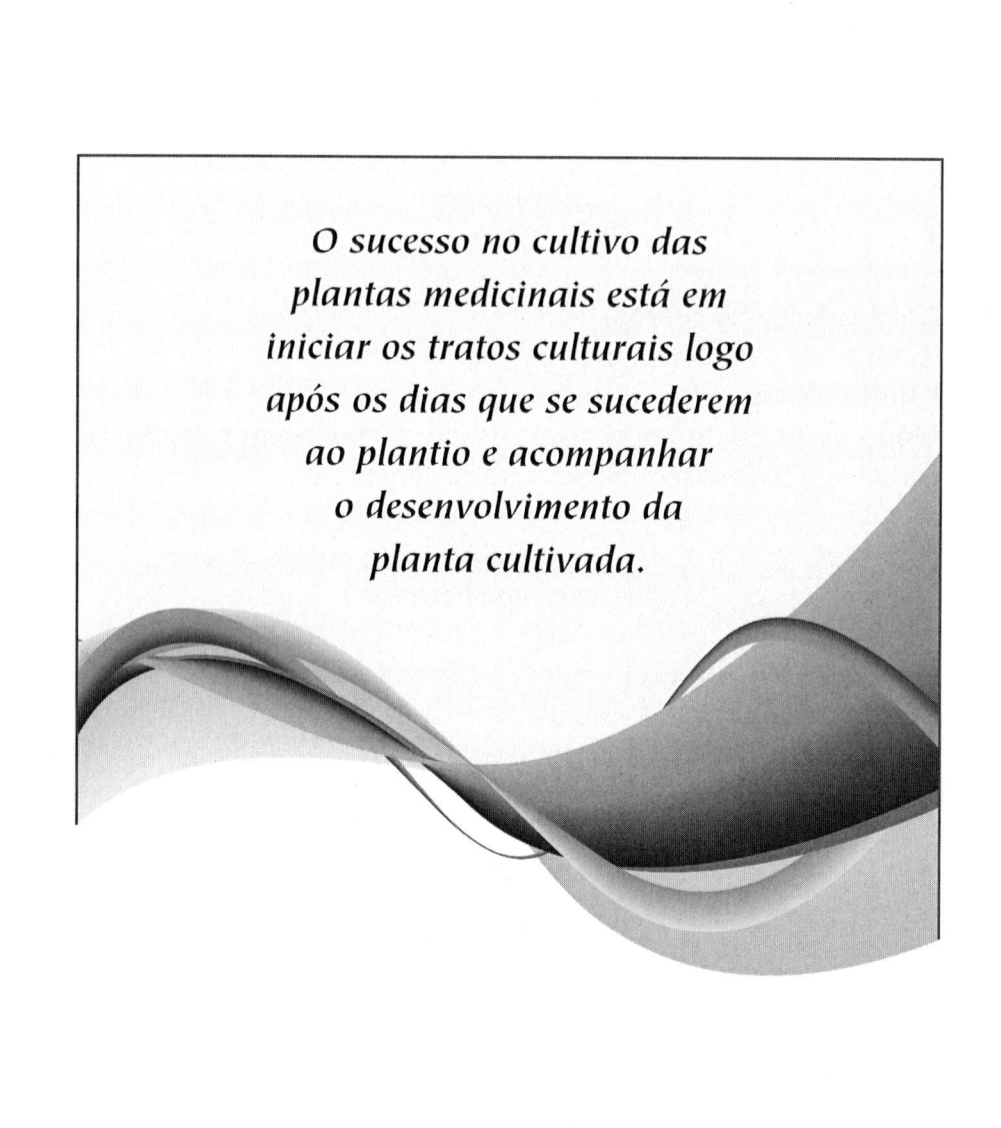

*O sucesso no cultivo das
plantas medicinais está em
iniciar os tratos culturais logo
após os dias que se sucederem
ao plantio e acompanhar
o desenvolvimento da
planta cultivada.*

Bibliografia Consultada

ABREU JUNIOR, H. **Práticas alternativas de controle de pragas e doenças na agricultura.** Campinas: EMOPI, 1998.

ALMASSY Jr., A. A. et al. **Folhas de chá – Plantas medicinais na terapêutica humana.** Viçosa: Editora UFV, 2005.

ALMEIDA, F. F. et al. **Como plantar e manter a horta medicinal.** Fortaleza: EMATERCE, 1996.

ANDRADE, C. L. Z. et al. **Plantas & Saúde – Guia introdutório à fitoterapia.** Brasília: Governo do Distrito Federal, 1998.

BIESKI, I. G. C.; DE LA CRUZ, M. G. **Quintais medicinais: mais saúde, menos hospitais.** Cuiabá: Governo do estado de Mato Grosso, 2005.

BOORTHEM, R. L. **Segredos e virtudes das plantas medicinais.** *Reader's Digest.* Rio de Janeiro, 1999.

BORNE, R. H. **Produção de mudas de hortaliças.** Guaíba: Agropecuária, 1999.

BLONCO, M. C. S. G. **Cultivo comunitário de plantas medicinais.** Campinas, CATI, 2000.

BRAGA, P. E. T. **Produtor de plantas medicinais.** Fortaleza: Edições Demócrito Rocha: Instituto Centro de Ensino Tecnológico, 2002.

BRAGA, P. E. T.; NUNES, L. A. P. L. **Farmácia viva.** Fortaleza: UVA/ SECITECE, 1996.

BURG. I. C.; MAYER, P. H. **Alternativas ecológicas para prevenção e controle de pragas e doenças.** 1999.

CABRAL, J. C. A. **Faça sua horta medicinal.** Fortaleza: FNE/HPM, 1996.

CASTRO, L. O. de; CHEMALE, V. M. **Plantas medicinais, condimentares e aromáticas.** Guaíba: Agropecuária, 1995.

COMO LIMPAR E TRATAR ÁGUA SUJA COM SEMENTES DA MORINGA. Fortaleza: Centro de Pesquisa e Assessoria – ESPLAR, 1997.

CORRÊA JR., C. C.; MING, L. C.; SCHEFFER, M. C. **Cultivo de plantas medicinais, condimentares e aromáticas.** Curitiba: EMATER-PR, 1991.

CORRÊA, A. D.; SIQUEIRA-BATISTA, R.; QUINTAS, L. E. M. **Plantas medicinais: Do cultivo à terapêutica.** Petrópolis: Vozes, 1998.

CORRÊA, M. P. **Dicionário de plantas medicinais do Brasil e das exóticas cultivadas.** Rio de Janeiro: Instituto Brasileiro de Desenvolvimento Florestal, 1984.

DEFFUNE, G. **Fundamentos e práticas da agricultura orgânica.** Instituto GAIA do Brasil, 1992.

EMATER. **Horta doméstica.** Brasília: EMBRATER, 1981.

EMBRATER. **Horta caseira – enriqueça sua alimentação – Plante agora.** Rondônia: EMATER-RO, [s.d.].

FARMÁCIA DA TERRA. **Plantas Medicinais e Alimentícias**. Amapá: Instituto de Pesquisas Científicas e Tecnológicas do Estado do Amapá, 2000.

FURLAN, M. R. **Erva e temperos: cultivo e comercialização**. Cuiabá/MT, 1998.

FURLAN, M. R. **Cultivo de plantas medicinais**. Cuiabá/MT, 1998.

GUERRA, M. de S. **Receituário caseiro: Alternativas para o controle de doenças de plantas cultivadas e seus produtos**. EMBRATER, 1985.

GUIA PRÁTICO DE MEDICINA ALTERNATIVA. São Paulo: Companhia dos Livros, 2004.

GUIA RURAL: FRUTAS TROPICAIS. São Paulo: Abril, 1988.

HERTWIG, I. F. V. **Plantas aromáticas e medicinais**. São Paulo: Ícone, 1991.

LIMA, J. L. S. de; et al. **Plantas medicinais de uso comum no Nordeste do Brasil**. Campina Grande: CEDAC, 2006.

LUNA, J. V. U. **Instruções práticas para o cultivo de frutas tropicais**. Salvador: EPABA, 1984.

MAGALHÃES, P. M. de. **A experimentação agrícola com plantas medicinais e aromáticas**. CPQBA/UNICAMP, [s.d.].

MARTINEZ, S. S. **O Nim – *Azodirachta indica* – natureza, usos múltiplos e produção**. Paraná: IAPAR, [s.d.].

MARTINS, R. E.; CASTRO, D. M. de; CASTELLANI, D. C.; DIAS, J. E. **Plantas Medicinais**. Viçosa: UFV, 2003.

MATOS, F. J. de A. **Farmácias Vivas.** Fortaleza: UFC, 2002.

MATOS, F. J. de A. **Plantas Medicinais.** Fortaleza: UFC, 2000.

MATOS, F. J. de A. **Formulário fitoterápico do Professor Dias da Rocha.** Fortaleza: UFC, 1997.

MATOS, F. J. de A. & LORENZI, H. **Plantas medicinais no Brasil: nativas e exóticas cultivadas.** Nova Odessa: Instituto Plantarum de Estudos da Flora Ltda, 2002.

MATOS, F. J. A. et al. **Constituintes químicos de plantas medicinais brasileiras.** Fortaleza: Impr. Universitária/UFC. 1991.

MATTOS, S. H. et al. **Plantas medicinais e aromáticas cultivadas no Ceará: Tecnologia de produção de óleos essenciais.** Fortaleza: BNB, 2007.

MATTOS, J.K.de A. **Plantas medicinais: Aspectos agronômicos.** Brasília: Edição do autor, 1996.

MING, L.C.; SCHERFFER, M.C.; CORREIA JUNIOR, C. **Plantas medicinais, condimentares e aromáticas.** Curitiba: EMATER-PR, 1991.

MINISTÉRIO DA AGRICULTURA, PECUÁRIA E ABASTECIMENTO. **Boas Práticas Agrícolas (BPA) de plantas medicinais, aromáticas e condimentares.** Ed. preliminar de Marianne Christina Scheffer, Cirino Corrêa Júnior. Coordenação de Maria Consolacion Udry, Nivaldo Estrela Marques e Rosa Maria Peres Kornijezuk. Brasília: MAPA/SDC, 2006.

NEVES, B. P. das & NOGUEIRA J. C. M. **Cultivo e Utilização do Nim Indiano.** Goiânia: Embrapa-CNPAF-APA, 1996.

OLIVEIRA, C. P. de. **Noções de agricultura.** Porto Alegre: Livraria Sulina. [s.d.].

OLIVEIRA, P. R. A. de. **Plantas medicinais – Aprendendo tecnicamente: Do Plantio ao uso adequado.** Rondonópolis, Mato Grosso. [s.d.].

PAIVA, A. F. de. **É bom conhecer o cultivo de plantas medicinais.** Fortaleza: EMATERCE, 1995.

PANIZZA, S. **Plantas que curam.** São Paulo: Ibrasa, 1997.

PONTE, J. J. da. **Cartilha da manipueira: Uso do composto com insumo agrícola.** Fortaleza: Secretaria da Ciência e Tecnologia do Estado do Ceará. 2002.

REVILLA, J. **Cultivando a saúde em hortas caseiras e medicinais.** Manaus: SEBRAE/Instituto Nacional de Pesquisas da Amazônia, 2002.

REVISTA GUIA RURAL. **Anuário Agrícola – Agricultura Orgânica,** 1991.

REVISTA INFORME AGROPECUÁRIO. **Produção de mudas frutíferas.** [s.d.].

REVISTA SÍTIO & JARDIM. Editora Abril [s.d.].

REVISTA POMAR: GUIA RURAL. Editora Abril [s.d.].

RIBEIRO, W. L. **Jardim & Jardinagem.** Brasília: EMETER/DF, EMBRAPA, 1994.

SARTÓRIO, M. L.; TRINDADE, C.; RESENDE, P.; MACHADO, J. R. **Cultivo orgânico de plantas medicinais.** Viçosa: Aprenda Fácil, 2000.

SILVA, R. C. **Plantas medicinais.** Vitória: Prefeitura de Vitória, SEMUS, 1992.

SISTEMA DE PRODUÇÃO PARA A CULTURA DO MARACUJÁ. Ceará: EMARTER. [s.d.].

SISTEMA DE PRODUÇÃO PARA A CULTURA DO MARACUJÁ. Sergipe: EMARTER. [s.d.].

SOUZA, M. P. et al. **Boas práticas agrícolas de plantas medicinais e aromáticas.** Brasília: Ministério da Agricultura, Pecuária e Abastecimento. 2006.

TRINDADE, C. & SARTÓRIO, M. L. **Farmácia Viva: Utilização de plantas medicinais.** Viçosa: CPT, 1998.

TRINDADE. C.; SARTÓRIO, M. L.; JACOVINE, L. A. G. **Cultivo orgânico de plantas medicinais.** Viçosa: CPT, 1997.

ZAMBEERLAN, A. F. & FRONCHETI, A. **Agricultura alternativa: Um enfretamento à agricultura química.** Passo Fundo: Ed. P. Berthioen, 1994.